예수와 함께한 직장생활

The Next Level
by David Gregory

Copyright © 2008 by David Gregory
Published by WaterBrook Press
12265 Oracle Blvd., Ste. 200
Colorado Springs, Colorado 80921
A division of Random House, Inc.
All right reserved.

Translated and used by the permission of waterBrook Press
through the arrangement of KCBS Literary Agency, Seoul, Korea

Korea Copyright © 2008 by Poiema, a division of Gimm-Young
Publishers, Inc., Seoul, Korea.

예수와 함께한 직장생활

The Next Level

데이비드 그레고리 지음
서소울 옮김

포이에마
POIEMA

예수와 함께한 직장생활
데이비드 그레고리 지음 | 서소울 옮김

1판 1쇄 발행 2008. 9. 2. | **1판 15쇄 발행** 2023. 11. 1. | **발행처** 포이에마 | **발행인** 고세규 | **등록번호** 제300-2006-190호 | **등록일자** 2006. 10. 16. | 서울특별시 종로구 북촌로 63-3 우편번호 03052 | 마케팅부 02)3668-3260, 편집부 02)730-8648, 팩스 02)745-4827

본 저작물의 한국어판 저작권은 알맹2 에이전시를 통하여 WaterBrook Press사와 독점 계약한 포이에마에 있습니다. 신 저작권법에 의하여 한국 내에서 보호받는 저작물이므로 무단전재와 무단복제를 금합니다.

값은 뒤표지에 있습니다. ISBN 978-89-958873-8-7 03230 | 독자의견 전화 02)730-8648 | 이메일 masterpiece@poiema.co.kr | 좋은 독자가 좋은 책을 만듭니다. | 포이에마는 독자 여러분의 의견에 항상 귀를 기울이고 있습니다.

이렇게 형편없는 실적은 처음이다.

"작년에 막대한 적자를 냈군요."

"유감스럽게도."

"재작년에는 어땠습니까?"

로건은 사장의 대답을 기다리지 않고, 서류를 후루룩 넘겼다.

"매년 적자였는데, 왜 아무 조치를 취하지 않고 계신지 이해가 안 됩니다."

"이곳에선 어느 누구에게도 억지로 강요하지 않거든요.

자기가 선택하기 나름이죠."

"그럼 1층 전직원이 맨날 농땡이를 피워도 아무 문제가 안 된다는 건가요?"

"회사의 목표에 부응하고 싶지 않다면 그건 그들의 자유예요.

그게 주주님의 뜻이니."

— 차례 —

면접 1. 어떤 일이 좋은가요? 어떤 일을 해보고 싶은가요? · 9

미션 I _ 로건, 1층으로 가다!
2. 부자가 되고 싶지 않은 사람이 어디 있어요? · 24
3. 지금 당신은 회사의 비전과 관계되는 일을 하고 있는 중인가요? · 35
4. 회사의 목표에 부응하고 싶지 않은 것도 직원들의 자유입니다 · 46

미션 II _ 로건, 2층으로 가다!
5. 각종 규칙, 규율에 치여서 일은 언제 하죠? · 54
6. 성심이 훌륭한 가치이긴 하지만, 그게 전부가 아니잖아요? · 68

미션 III _ 로건, 3층으로 가다!
7. 진짜 CEO는 우리에게 영구직을 보장해줄 거예요! · 76
8. 이 회사의 진실은 어디에 있습니까? · 89

미션IV_ 로건, 4층으로 가다!
9. 우리 회사는 우리가 어떤 실수를 해도 책임을 묻지 않습니다! · 96
10. 주주님의 목표에 대한 여러분의 충성을 다시 맹세하세요! · 113
11. 사장님은 제가 바라는 걸 왜 안 들어주시는 거죠? · 125
12. 나 자신을 중심에 두는 한, 그건 스스로를 속이는 겁니다 · 142

미션V_ 로건, 5층으로 가다!
13. 후회 없이 최선을 다했노라는 경험, 해보고 싶으신가요? · 150
14. 누군가를 알려면 진정으로 하나가 되어야 합니다 · 165
15. 모든 사람이 인턴입니다. 평생에 걸쳐 가르침을 받지요 · 180

덧붙이는 글 항상 하나님과 동행하기 위하여 · 194
부록 믿음을 구하는 이들을 위한 그룹 토론 가이드 · 200
옮긴이의 글 영혼의 안식처, 어디인가 · 207

예수와 함께한

직장생활

1
어떤 일이 좋은가요?
어떤 일을 해보고 싶은가요?

그날 아침 취직자리를 알아보러 집 밖으로 나선 로건 벨은 진저리를 치며 내키지 않는 발걸음을 뗐다. 비디오게임에 등산, 보디서핑, 침대에서 뭉개기 등등…… 아침 댓바람부터 좁은 취업문을 두드리지 않아도 유쾌한 일은 얼마든지 있었다. 하지만 무엇 하나 청구서를 해결해주지는 않는다. 게다가 "아직도 노냐?"는 아버지의 전화가 또 걸려오는 날, 최소한 할 말은 있어야 했다. 그것이 가장 주요한 동기라면 동기였다. 둘러댈 거리. 결과야 어찌됐든 노력했노라는.

이제 와서 인정하지만, 아버지 말이 옳았다. 대학 졸업 후 얻은 첫 직장을 제 발로 기어나왔으니, 상사가 아무리 상종 못할 인간이었다고 해도 이력서에 좋게 보일 리 없었다. 좀 더 놀고픈 마음은 간절하지만 곧바로 새 직장을 구하는 편이 나을 것이다. 게다가 이번엔 잘나가는 소프트웨어 기업이다. 로건의 경영학 학사학위로는 지금 아버지가 있는 선두 IT회사의 경영 수뇌부는 언감생심이다. 일단 어디든 들어가야 그런 기대라도 할 것이다. 이런 생각을 하며, 유니버설 시스템의 거대한 주차장에 차를 세웠다.

"입사지원 하러 왔는데요."

로건은 1층 안내데스크에 용무를 밝혔다.

안내원은 미소 띤 얼굴로 왼편으로 죽 늘어서 있는 엘리베이터를 가리켰다.

"대표님을 만나뵈면 됩니다. 5층으로 올라가세요."

"본인이 직접 와서 지원해야 하는 게 맞습니까?"

"예, 대표님을 찾아가세요. 5층입니다."

"대표님이요? 대표님이라니…… 인사부 대표인가요?"

"아뇨. 대표이사님이세요."

"대표이사라면 여기 사장님 아닌가요? 사장님이 아무나 다 면접을 보십니까?"

"예."

"사장님 말고 그 아래 인사담당자는 안 계신가요? 관리자급에 지원하는 게 아니거든요."

"아뇨, 대표님께서 지원자들 모두를 직접 인터뷰 하십니다."

이렇게 큰 사업체의 최고 경영인이 모든 지원자를 일일이 면접한다는 것이 영 믿기지 않았다. 유니버셜 시스템은 5층짜리가 맞나 싶을 정도로 유난히 높고 웅장한 원형빌딩을 전부 차지하고 있었다. 안내데스크 너머로 눈에 보이는 사방이 모두 사무실이었다. 조그만 칸막이로 나뉘어진 책상마다 직원들이 그득했다.

누구를 찾아가야 할지 더 이상 따져봐야 소용없어 보였다. 로건은 엘리베이터 쪽으로 걸음을 옮겼다. 그러다 생각 난 듯 걸음을 멈추고 뒤돌아섰다.

"5층에 내리면 어디로 가야 하죠?"

"대표님 책상으로 가세요."

"그게 어디쯤 있는지……?"

지금 1층에 보이는 풍경대로라면 사장의 책상을 찾느라 헤맬 게 분명했다.

"바로 찾으실 거예요."

안내원은 안심하라는 듯 대답했다.

다시 엘리베이터를 향해 걸으면서도 로건은 반신반의했다.

잠시 후 엘리베이터 문이 열리자 입이 떡 벌어질 만큼 넓은 공간이 눈앞에 펼쳐졌다. 5층도 1층처럼 끝이 어디인지 시야에 다 잡히지 않았다. 그 어마어마하게 넓은 공간을 가로막는 벽은 어디에도 없었고, 책상만 끝없이 늘어서 있었다. 그런데 자세히 보니 1층과 달리 거의 빈 책상이었다. 저 멀리 회의 테이블에 둘러앉은 한 무리의 사람들이 보였다. 그들 너머로 한 남자가 앉아 있었다. 로건은 그쪽으로 성큼성큼 걸어갔다.

가죽을 씌운 타원형 책상에 앉은 남자는 마흔 살쯤 돼 보였다. 갈색 양복에 파란색 넥타이를 매고 있었다. 책상 위의 명패에는 '대표'라고 적힌 게 다였다. 그는 의자에서 일어서더니 손을 내밀었다.

"어서 오세요. 어떻게 오셨죠?"

"저는 로건 벨이라고 합니다. 입사지원 하려고 왔습니다."

"잘 오셨습니다. 앉으세요."

로건은 책상 맞은편에 놓인 가죽재질의 중역의자에 앉

앉다.

"사장님께 안내되리라곤 생각도 못 했습니다. 정말로 사장님께서 모든 지원자를 면접 보시는 건가요?"

"그럼요. 물론입니다."

"공석이 지금 있습니까? 유니버설 시스템이라면 누구나 일해보고 싶은 회사라고 들었습니다."

"빈자리는 늘 있어요."

"제가 지원하는 업무도 빈자리가 있습니까?"

"있을걸요."

"그게 무슨 말씀이신지⋯⋯ 제가 어떤 직종에 지원하러 왔는지 아직 모르시잖아요."

"전 직종에서 상시 채용하고 있습니다."

사장의 명쾌한 대답에 로건은 그만 어안이 벙벙해졌다. 고작해야 고등학교와 대학교 여름방학 때 했던 아르바이트 여섯 번, 그리고 졸업 후의 첫 직장, 그다지 풍부하다고 할 수 없는 직장 경험이지만, 아무리 그래도 '전 직종 상시채용'은 납득이 되지 않았다.

"모든 업무 분야에서 수시로 뽑고 있다고요?"

"그래요."

"유니버설 시스템이 쑥쑥 크고 있나 보군요."

무심코 말을 내뱉고 아차 싶었다. 다분히 유치한 말투인 데다, 지원하려는 회사에 대해 최소한의 사전조사도 해오지 않았음을 실토해버린 꼴이었다.

다행히 사장은 별로 신경 쓰는 것 같지 않았다.

"그래요. 우리는 지속적으로 성장하고 있답니다."

그는 의자 등받이에 몸을 기댔다.

"그래요, 로건, 뭘 하고 싶어요?"

"그러니까……."

로건은 면접에서 이렇게 밑도 끝도 없는 질문을 받게 되리라곤 상상도 못 했지만, 이것도 엄연한 정식 면접이라고 스스로에게 되뇌었다.

"대학에서 경영학을 전공하고, 졸업 후 첫 직장인 화학업체에서 일반 인사관리를 맡았습니다. 그렇지만 유니버설 시스템과 같은 회사에서 일해보고 싶습니다. 아버지가 베스콘 테크놀로지 부사장으로 계십니다. 그래서…… 첨단기술 분야로 진출하는 게 좋겠다는 판단했습니다."

"아버지가 다니는 회사에 왜 가지 않구요?"

"그곳에 들어가는 게 장기적으로 봤을 때 최선의 결과를 가져올지 확신이 서지 않았습니다."

"그렇군요."

"인사부에 자리가 있는지요?"

"물론입니다. 그런데 한 가지 물어보죠. 인사관리 일이 좋았습니까?"

"첫 직장에서는 비록 말단 사원이었지만, 자연스럽게 차차 더 높은 직책으로 승진하게 될 것이라고, 그렇게 되면 보다……"

여기서 로건은 입을 다물었다. 맘에도 없는 소리였다. 지금 자신이 있는 이 장소와 앞에 앉아 있는 남자가 내뿜는 어떤 기운이 헛소리를 관두라고 하는 것만 같았다.

"아뇨, 별로였습니다."

"그렇다면 당신에게 인사관리를 시킬 이유가 없겠군요, 뭘 하면 즐거워요?"

즐거운 일이라고 해봐야 회사에 하등의 보탬이 되지 않는 것들뿐이다. 그렇지만 생각해보면 전공분야에서 관심 있는 주제가 하나 있었다.

"OD요, 조직개발 말입니다."

로건은 괜한 설명을 덧붙인 것 같아 얼른 얼버무렸다.

"당연히 알고 계시겠지요. 아무튼, 조직이 어떻게 돌아가는지 분석하고, 어떻게 하면 보다 효율적으로 움직이게 할지 알아내는 일을 좋아합니다."

"그럼 됐네요. 조직분석가로 일해보세요. 그렇잖아도 그런 판단을 해줄 사람이 필요했던 참입니다. 이제야 적임자를 찾은 것 같군요."

"정말인가요? 실무 경험이 없는데요? 학교 다닐 때 가장 좋아했던 전공과목이었을 뿐입니다."

"그것으로 충분해요. 나머지는 일을 하면서 배워나가면 돼요."

"제 이력서 드릴까요?"

"그건 됐어요. 딱 보니 똑똑하고 유능한 젊은이 같으니 좋은 성과를 보여줄 거라 확신합니다."

"그럼 2차 면접 때 가져오도록 하겠습니다."

"2차 면접은 없어요. 채용됐습니다."

"그냥 이렇게요?"

"네, 난 항상 첫 느낌을 믿거든요."

로건은 영문을 모른 채 멍하니 사장을 바라보았다.

사장은 몸을 앞으로 내밀며 물었다.

"자, 이 일을 해보시겠소?"

"예, 저야 더할 나위 없이 좋지만…… 이렇게 간단히……."

로건은 그만 입을 닫았다. 모처럼 오매불망하던 기회가 찾아왔는데, 얼른 붙잡는 것이 상책이었다.

"자, 그럼 어떤 일인지 설명하기로 하죠."

일은 1층에서부터 시작하면 되었다. 필요한 것은 카일이라는 인사부 사람이 옆에서 챙겨줄 것이었다. 로건의 주된 업무는 직원들의 얘기도 듣고, 회의에도 동석하고, 업무 처리 절차를 관찰하면서 1층의 운영 실태를 평가하는 것이다. 무엇이든 보고 싶은 게 있으면 카일에게 말하면 된다. 로건은 그 층의 가장 큰 문제점을 진단하고, 사장에게 보고하기만 하면 되었다.

"층별로 하는 것보단 전체적으로 조직을 들여다보는 것이 더 낫지 않을까요?"

로건은 조심스럽게 의견을 제시했다.

"대부분 조직에서는 그게 맞겠지만, 이곳에게는 각 층이 독립적으로 돌아가고 있어요. 각층 사업단위 간에 공조가 많지 않아요."

"그것도 문제점 아닌가요?"

사장은 조용히 미소를 띠었다.

"안 그래도 그 생각을 하긴 했어요."

그는 포스트잇 메모지에 뭔가를 적더니 그것을 로건에게 건넸다.

"보고는 이메일로 하면 돼요. 길게도 말고, 복잡하게도 말고. 간단명료한 평가면 됩니다. 보고서 작성능력으로 날 감동시키려고 할 필요는 없어요."

어려울 게 없었다. 여기저기 기웃거리며 어떻게 돌아가고 있는지 보고, 문제가 뭔지 지적하면 그만이다. 이것처럼 쉬운 일이 어디 있으랴. 희망 업무 내용을 로건에게 직접 적어 보라고 해도 이토록 맘에 들게는 못 적을 것이다.

"묻고 싶은 거 없나요?"

애기가 잘 풀리고 있는 데다 껄끄러운 화제를 끼워 넣고 싶진 않았지만, 짚고 넘어가지 않으면 안 될 사항이 있었다.

"급여는 어떻게 되는지……?"

"그건 카일이 말해줄 거예요. 충분히 만족할 만한 수준일 겁니다."

"복지혜택은 어떤 것들이 있는지요?"

"우리의 복리후생은 최고 수준이죠. 어떤 것들이 있는지 그것도 카일에게 들으세요."

"제 직속상관은 누가 되는 건가요?"

"나예요. 나한테 보고하면 돼요."

"사장님께요? 매번이요?"

"그래요. 내 오른팔이에요. 이 조직에서 내 눈과 귀가 되는 셈이죠."

"그리고 승진 기회가 어떻게 주어집니까? 제겐 중요한 문제여서요."

"그렇겠지요. 우선 1층부터 4층까지 각 층에 대해 정확한 분석을 내놓으면, 여기 5층에서 나와 같이 일할 수 있어요. 그렇게 되면……."

그는 회의 테이블에 앉아 있는 사람들을 향해 고개를 끄덕였다.

"선택받은 그룹의 일원이 될 겁니다. 물론 보상도 그에 준해서 받을 거구요. 하지만 그 전에 먼저 과제를 성공적으로 마쳐야 합니다."

"그러니까 제가 할 일은 각 층의 가장 큰 문제점을 말씀드리면 되는 거죠?"

사장은 고개를 끄덕였다.

"맞습니다. 생각보다 간단하죠? 그런데 쉬울 거란 기대는 안 하는 게 좋아요."

그는 의자에서 일어나 책상 위로 손을 뻗었다.

"그럼 잘해봅시다."

로건은 손을 맞잡았다.

"감사합니다. 믿어주신 만큼 기대에 부응토록 하겠습니다."

"아무 때고 찾아와서 얘기해도 괜찮아요."

사장은 말했다.

"일이 어떻게 되어가는지도 알려주고, 궁금한 거나 염려스러운 게 생기면 서슴지 말고 오세요."

"면담 약속을 잡으려면 누구에게 말하면 되나요?"

"누구 통할 것 없이 그냥 5층으로 오세요."

"사장님 비서를 통하지 않아도 된단 말씀인가요?"

"비서는 없어요. 그냥 오세요. 난 여기 있으니까."

"잘 알았습니다. 아니, 감사합니다. 정말로."

로건은 몸을 돌려 회의 테이블을 지나 엘리베이터를 타고 1층으로 내려갔다. 정작 묻고 싶은 게 있었지만 물어볼 용기가 나지 않았다. 왜 사장 혼자서 5층 전체를 쓰고 있느냐였다. 이만저만한 공간 낭비가 아닐 수 없었다. 이것도 메모해서 나중에 지적할 문제점이지만 지금 당장은 아무래도 상관없었다. 취직했다는 것만으로 그저 기쁠 뿐이었다. 게다가 상상도 못했던 좋은 일자리가 아닌가.

미션 1 로건, **1층**으로 가다!

부자가 되고 싶지 않은 사람이 어디 있어요?

색깔로 구분된 1층의 여러 구역을 부지런히 지나친 지 20분 만에 로건은 인사부 연락책 카일 라이드마이어의 책상에 당도했다. 남성 패션잡지에서 막 튀어나온 듯한 호리호리한 젊은 남자가 서 있었다. 로건은 가까이 가서 자신을 소개했다.

"안내 직원이 아무 책상이나 마음대로 골라 앉으라고 하던데요."

"네, 앉고 싶은 자리를 고르시면 돼요. 어느 자리가 맘에 드세요?"

"자기가 앉고 싶은 대로 앉아도 문제가 없습니까?"

"사내 누구하고든 화상회의가 가능하니까요."

"한 자리에 모이는 일은 없습니까?"

"인사부는 1주일에 한 번씩 점심을 같이 먹고, 또 매주 전체회의가 있어요. 1층 전체가 참석하죠."

"다른 층 사람들은요?"

카일은 별 이상한 질문 다 들어본다는 듯 황당한 표정을 지었다.

"그 사람들하고는 같이 어울리지 않는데요."

"아, 그렇군요. 자 그럼, 전 어디 앉든 상관없습니다. 보통은 같이 일하는 팀원들과 가까이 앉지만……."

"1층에 조직개발을 담당하는 직원은 혼자이시니, 같이 앉고 말고 할 팀원이랄 게 없어요. 제 옆자리라도 괜찮다면 저는 환영입니다. 저 빼고 거의 대부분은 전문 엔지니어들이다 보니 무슨 말들을 하는지 도통 알아들을 수가 없거든요. 평범한 우리말을 쓰는 사람이 옆에 있으면 숨통이 트일 거예요."

"잘됐네요."

로건은 근처 책상 위에 배낭을 내려놓고 카일의 책상 맞은편 의자에 앉았다. 그리고 카일로부터 자신의 급여(사장의 말 그대로 조금도 섭섭하지 않은 수준이었다)와 복지혜택(이것 역시 그저 감사할 따름이었다), 그리고 1층에서 이루어지는 이런 저런 업무에 대해 들었다.

"제가 1층 이곳저곳을 안내해 드릴게요. 제 팀원들도 몇 명 소개해 드릴 겸. 엄밀히 말해 조직개발 쪽이시니 같은 인사부는 아니시만, 연관이 있으니까 우리 팀에 끼워드리죠."

카일은 이렇게 얘기를 매듭짓곤 싱긋 웃어 보였다. 둘은 몸을 일으켜 사무실 순회에 나섰다.

· · · ·

"여기서 일하다간 출세하기 힘들 텐데."

다소 비대해 보이는 몸집에 유행 지난 줄무늬 셔츠를 입은 필 린치는 책상 앞에 선 카일과 로건을 향해 말했다.

"그래도 이왕 왔으니, 앉지 뭐."

그들은 필의 책상 앞에 놓인 두 개의 의자에 앉았다. 모든 자리 배치가 이런 식이었다.

"깜박 잊고 말 못 했는데, 필이 우리 중 가장 낙천적인 사람이에요."

카일이 딱딱해진 분위기를 얼른 농담으로 무마했다.

"난 단지 현실을 말한 것뿐이야. 그만 인정해, 카일."

여전히 진지한 기세로 필이 되받아쳤다.

로건은 필의 뚝뚝한 태도에 움츠러들기는커녕 오히려 구미가 당겼다. 회사의 허물이란 허물은 가능한 한 있는 대로 알아내야 했다. 지금 알아내지 못하면 6개월, 아니 1년을 허송세월로 보낼 수도 있다.

"그게 무슨 말인가요? 여기선 출세하기 힘들다니."

"월급이 너무 짜잖아."

"제가 보기엔 꽤 괜찮은 편인데요."

"그렇겠지. 일개미에겐 말야. 남 밑에서 인사관리나 하면서 어느 세월에 부자가 되겠어?"

"조직개발이에요."

카일이 정정한다.

"그리고 저는 부자가 되고 싶다고 말한 적 없는데요?"

로건이 반문했다.

"바보가 아니고서야 부자가 되고 싶지 않을 리 있나. 일을 뭐 때문에 하는데? 돈을 못 벌어도 인생이 즐거워 죽겠단 사람 있으면 어디 데려와봐. 그럼 내가 돈이 차고 넘치는 통장에, 바다가 보이는 해변가 별장, 취미 삼아 차고에 모셔놓은 외제 스포츠카를 최소한 한 대는 보여주지."

"필, 그러지 말고 어떻게 부자가 되실 계획인지나 좀 들려주세요."

"뉴욕 증권거래소에서 주가가 오르는 시간대의 58퍼센트가 개장하고 나서 처음 30분이야. 여길 봐봐."

그는 자신의 컴퓨터 모니터를 로건 쪽으로 돌렸다.

"이게 지난 열흘간 뉴욕 증권거래소 종합주가지수가 개장 직후 30분 동안 거둔 성적이야. 어떤가?"

"신기하네요."

로건은 달리 마땅한 대답이 떠오르지 않았다.

"나는 말이지, 증권거래사 자격증을 딸 거야. 그래서 첫 30분 동안만 사고팔 거야."

"그 다음에는요?"

"그런 다음에는 카리브해에 있는 나만의 작은 섬으로 은퇴하는 거지."

"거기 가서 뭘 하실 겁니까?"

"하루 종일 마이타이를 마실 거야. 해변에 벌렁 드러누워 아가씨 구경도 하고. 카일이라면 남자들만 쳐다볼 테지만."

그러고는 아무 반응도 없는 로건을 향해 눈을 찡긋했다.

"아무튼 확실한 것은 은퇴해서 멋진 인생을 살 거라는 거라네."

"부디 성공하시길 바라겠습니다. 만나서 반가웠습니다. 앞으로 잘 부탁드립니다."

로건은 그만 자리에서 일어섰다.

"그래야지 암. 뜰 날이 얼마 안 남았어."

필은 컴퓨터 쪽으로 몸을 돌린 채 대답했다.

카일은 나오면서 고개를 절레절레 흔들었다.

"카리브해로 필을 만나러 가는 비행기표는 당분간 예약하지 않아도 돼요."

"그럴 생각 없습니다. 남의 사적인 부분을 아무렇지도 않게 떠벌리다니 문제 있는 거 아닌가요?"

"안 그래도 골치 좀 썩고 있어요."

"왜 그냥 두세요? 어차피 인사부에 계시잖아요."

"그럴 가치도 없어요. 여기 사람들 대부분은 잘 받아들여 줘요. 로건도 그래 보이구요."

"전 아무렇지 않아요. 남동생도 게이거든요."

카일은 몇 명의 동료를 더 소개시켜 주었다. 다행히도 다들 멀쩡해 보이는 인상이었다. 걸으면서 카일은 은밀한 특

종도 몇 가지 흘려주었다.

"뭐 조용할 날이 없는 곳이군요."

로건은 이렇게 감상을 정리했다.

"그런 편이죠. 마지막으로 만나볼 한 사람도 기대하세요."

"누군데요?"

"베스라고 해요. 오늘은 출근 안 했어요. 어떤 인물인지 자세한 건 저한테 듣는 것보다 직접 알아보세요."

자리로 돌아온 로건은 의자에 앉기 전에 카일을 돌아보았다.

"저기, 오늘 여러 가지로 얘기해주셔서 정말 고마웠습니다. 누군가 그런 얘길 해주지 않았다면 좀체 대책이 서지 않았을 겁니다."

"뭘요. 얘기 즐거웠어요. 그건 그렇고 마케팅, 영업, 소프트웨어 개발, 기술지원 팀들하고 미팅을 잡았는데, 그 스케줄을 책상 위에 올려뒀어요."

"아 고맙습니다. 미리 알아서 잡아주시다니 폐가 많네요."

"천만에요."

"언제 점심 같이 하지 않으시겠습니까?"

"좋지요. 금요일이면 괜찮은데. 우리 층에 있는 구내식당으로 가죠. 값도 싸고, 도시락을 싸와서 먹어도 되고요. 직원용 냉장고가 있거든요."

"고마워요. 저는 늘 사 먹는 편입니다."

· · ·

다음 날 아침, 카일은 로건에게 유일하게 만나보지 못한 인사부 직원을 소개했다. 20대 중반 가량의 베스는 구릿빛 피부와 적갈색 머리에 목이 깊게 파인 블라우스를 입고 있었다. 책상 너머로 상반신을 기울여 손을 내미는 순간 가슴골이 그대로 드러났다.

"베스 글래스톤입니다. 반가워요."

"반갑습니다."

로건은 가능한 시선을 돌리며 손을 맞잡았다.

"어제 인사 다녔는데 안 계시더군요."

"아 네, 전날 늦게까지 일이 있어서 피곤해서 하루 쉬었어요."

입술을 달싹이는 그녀의 혀에서 은색 징이 반짝거렸다.

가벼운 잡담을 주고받은 지 십여 분이 지났을 때 카일이 그만 가자며 로건의 팔을 잡아끌었다. 그녀의 사무실을 나오자 카일은 소곤거렸다.

"애기 들어주다간 끝이 없어요."

"눈치는 챘습니다."

로건은 베스 쪽으로 슬쩍 시선을 돌렸지만, 그녀의 모습은 이미 컴퓨터 너머로 사라지고 없었다.

"부담스럽게 나올지도 몰라요. 조심하는 게 좋아요."

"조심할 것까지야 있을까요? 친하게 지내서 나쁠 건 없잖아요."

"여기를 거쳐가는 거의 모든 남자와 '친하게 지내려는' 게 문제죠. 거기 넘어갔다간 그녀 앞에 길게 늘어선 줄 맨 뒤에 서는 거예요. 물론 제 경험은 아니구요."

로건은 쿡 하고 웃었다.

"알겠습니다. 조심하는 게 좋겠네요. 충고 고맙습니다."

그날 오후 베스가 로건의 책상 위로 몸을 내밀었을 때 로건은 사내 의사소통 시스템을 컴퓨터 화면에 띄워놓고 한창 씨름 중이었다.

"뭐 도와줄 일이라도?"

베스는 물었다.

로건은 멀거니 그녀를 응시했다.

"거의 파악한 것 같은데 회의 소집을 어떻게 하는 건지 모르겠네요."

"거기 써 있는 대로 하면 날새요. 제가 보여드릴게요."

베스는 로건 옆으로 의자 하나를 바짝 끌어다 놓고 앉으면서 가슴으로 로건의 어깨를 쓸어내렸다. 그 바람에 향수 냄새가 확 끼치며, 딱 붙는 핑크색 스웨터 안으로 검은색 브래지어가 보일락 말락 했다. 그녀의 의도가 무엇인지는 분명했다.

그녀는 화상회의를 시작하고, 의견을 올리는 각 단계를 순서대로 실연해 보였다.

"나쁘지 않네요."

마지막 단계가 끝나자 로건은 한 마디 덧붙였다.

"배우는 게 참 빠르네요. 그래서 생각났는데, 제가 전문대학에서 미술사 수업을 듣고 있어요."

"정말입니까? 저도 예전부터 미술사 공부하고 싶었는데, 좀처럼 시간이 맞질 않았습니다."

"내일 시험이 있는데, 화가랑 그 작품이랑 다 외워야 하는데 오늘밤에 좀 도와주시면 안 될까요? 물론 다른 약속이 없다면요."

"아 그러세요……?"

"우리집으로 오세요. 7시 반쯤? 저녁은 중국음식을 주문할게요."

로건은 컴퓨터로 몸을 수그리고 이메일을 열었다.

"저기요, 베스……."

초대에 응할지 거절할지 망설였다.

"아무래도 직장동료와 어울리는 건 좀 이른 것 같아요. 여기 일도 아직 못 익힌 주제에…… 초대해주신 건 정말 고맙습니다."

의자에 앉은 그녀의 몸이 다소 뻣뻣하게 굳었다.

"뭐 다른 뜻이 있었던 건 아니에요. 그냥 시험 걱정에 누가 좀 도와주면 좋겠다고 생각했던 거예요."

"그럼요, 이해합니다. 그럴 수 있죠. 다음 기회에 도와드리겠습니다."

3

지금 당신은 **회사의 비전**과 관계되는 일을 하고 있는 중인가요?

그 다음 주 로건은 1층 부서장 회의에 자주 참석했다. 회의 안건으로는 부서간 정보전달, 사내 각 영역의 자원확보경쟁, 부서간의 통일된 비전, 목표설정 단계, 목표달성에 투입되는 부서별 인력규모 등이 올려졌다.

로건은 한 부서장이 회사 책상에 앉아 개인사업을 병행하고 있는 것을 목격하고 어처구니가 없었다.

"여기 좀 보시게. 오늘 아침에 들어온 주문이지."

자기 회사 웹사이트 페이지까지 떡하니 보여주며 들뜬 목소리로 말했다.

또 어떤 부서장은 로건이 사무실에 들렀을 때 전화통을 붙들고 선거캠페인 전략을 짜고 있었다. 다가오는 시의원 선거에 출마했기 때문이란다.

  탐색 2주 만에 로건은 회의참석과 개별면담을 계속할 필요가 없다고 느꼈다. 사장에게 보고할 진단을 내리기에 이미 정보가 충분했다. 대학시절 경영학 교재들을 들춰 전문용어를 적절히 동원해 마침내 스스로 생각해도 대견스러운 분석평을 완성했다. 사장의 주문대로 되도록 간략하게 쓰고자 했다. 문서파일에 따로 적은 글은 이메일 창에 붙여넣고, '보내기' 버튼을 눌렀다.

사장님께

경영 시스템 측면에서 볼 때 1층 전반에 걸쳐 효율적인 운영을 가로막는 최대 장애물은 원활하고 협력적인 부서간 의사소통의 단절입니다. 이러한 현상은 관리자급과 개별 부서원 모두에게 만연해 있습니다. 그 원인이 저는 조직의 통합목표 공유 부재에 있다고 생각합니다. 이러한 현상은 여기에 그치지 않고 개별 운영체가 조직 전체의 원대한 전략보다 자기 일개 부서의 목표만을 우선시하는 풍조를 양산하고 있습니다. 제가 관찰한 바로 이 문제는 시스템상의 문제이므로, 부서간 정보교환 채널 증강이나 단순한 목표중심경영 처방만으로 해결되기 어려울 것입니다.

제가 제안하고 싶은 처방은 기업목표라는 매트릭스 안에 조직의 비전에 맞게 제반 시스템을 재통합시키는 것입니다. 이렇게 하면 직원들은 유니버설 시스템의 전략적 목표를 장기적으로 재인식하지 않을 수 없을 것입니다. 나아가 회사의 전략기획과 합치되는 부서 안팎에 걸친 협력체제가 증진될 것입니다.

이러한 당면과제를 수행하는 앞으로의 조직정비 절차들을 제게 의논해주신다면 영광이겠습니다.

로건 드림

몇 분이 지나서 답신이 왔다.

로건,
요는 1층 사람들이 동일 목표를 위해 노력하고 있지 않다는 얘기인가요? 그래서 서로 솔직하게 대화하지 않고, 서로의 발목을 붙잡고 있다는 건가요?

사장

로건은 '답장' 버튼을 눌렀다.

> 네, 그런 것 같습니다.

그는 즉각 답신을 받았다.

> 처음부터 그렇게만 말해도 충분했을 것을. 수고했습니다. 계속해서 평가 부탁해요.

"그 정도면 정곡을 찔렀다고 생각했는데 말예요."

구내식당에서 닥터페퍼가 든 컵 속의 얼음을 빙빙 돌리며 로건은 도리질을 쳤다.

"첫 보고여서 너무 의욕이 앞섰어요. 잘해서 좋은 첫인상을 남기고 싶었거든요."

카일은 커피를 한 모금 홀짝거렸다.

"조직개발이 어디 쉬워요. 애초에 정해진 답이란 게 없잖아요. 사장님 말씀은 로건이 틀린 얘기를 했다는 건 아니잖아요. 확실히 짚고 싶으셨던 거죠."

"네. 좋은 쪽으로 생각해야죠."

로건은 일어나서 음료를 다시 채우고는 도넛을 하나 집어 테이블로 돌아왔다. 로건이 도넛을 건네자 카일은 놀라는 표정을 지었다.

"아, 고마워요."

"어제 책상에 도넛이 있길래 좋아하나 싶어서……."

카일은 도넛을 한 입 베어 물고 말했다.

"그런데 어쩌다 이 일을 하게 된 거예요? 대학 들어가면서 '조직개발을 공부하고 싶어'라는 사람 거의 없잖아요?"

로건은 하하 웃었다.

"없죠. 그땐 조직개발이 뭔지도 모를 때니까. 처음엔 정치학 전공이었는데 잘 맞았어요. 그런데 아버지가 다시 생각해보라고 어찌나 성화를 하시던지, 사는 데는 경영학이 훨씬 쓸모 있다고요. 결국 3학년 때 두 손 들고 경영학으로 옮겼고, 덕분에 남은 2년 동안 의지와 상관없이 전공 수업을 들었죠. 사실 첫 직장에선 인사부 소속이었어요. 여기 와선 조직개발이 나한테 맞겠다고 사장님하고 생각이 일치했던 거구요."

"어찌 되었든 아버님은 소원을 이루셨네요."

"그러게요. 지금까지 아버지 비위만 맞추며 살아온 느낌이에요. 그나마 없으면 부자지간을 이어주는 게 없을 겁니다."

카일은 남은 도넛을 한 입에 넣고, 냅킨으로 입을 닦았다.

"라디오에서 심리치료사의 상담을 들은 적이 있어요. 다른 얘긴 기억이 가물한데, 모든 이들이 진정 찾아 헤매는 것은 완벽한 아버지라고 했던 말이 기억나요."

로건도 컵을 마저 비우고 따라 일어섰다.

"그런 아버지가 어딘가 있을까요? 성공한 아버지라고 해서 가족 건사 못하는 경제력 없는 아버지보다 더 나은 것 같지도 않습니다. 근심걱정 하나 없는 사람한테 입양돼 자식에 거는 기대 같은 거 맞출 필요도 없다면 모를까……."

· · ·

일주일 후 로건은 면담과 미팅을 몇 차례 더 진행한 다음 사장에게 이메일을 보냈다.

> 1층은 진취적인 시도와 창의적이고 '기발한' 사고 진작을 조직적으로 거부하고 있습니다. 문제의 원인은 먼저, 관리자급에서

전체론적인 사고를 하지 않는다는 것, 그리고 근시안적인 문제해결에 그침으로써 장기적 안목에 근거한 전략적 비전은 물론이고 고정관념을 뒤엎는 혁신이 싹틀 여지를 죽여버린다는 데 있습니다. 전사적으로 창의적인 비전을 중시하는 사내 분위기를 조성하고, 위험감수에 대한 반감을 억제하는 장치를 최대한 도입하는 것이 필요하다고 생각됩니다.

바로 답신이 왔다.

1층은 모두가 무사안일만 추구하고, 그래서 새로운 시도를 하도록 권장해야 한다는 건가요? 수고 많았습니다. 소기의 성과를 거둔 것 같습니다. 계속 살펴봐주세요.

사흘 후 로건은 또 분석 결과를 보냈고, 그 이틀 뒤에도, 그 다음 날에도 보냈다. 사장의 답변은 늘 똑같았다. 수고했으며 계속 관찰하라는 것이었다.

· · ·

"어쩌라고!"

로건의 불만 섞인 탄식에 카일은 그 쪽으로 고개를 돌렸다. 로건은 카일의 책상으로 건너와 의자에 풀썩 주저앉았다.

"도대체 뭘 원하는 건지. 사장한테 또 보냈는데, 여전히 똑같은 대답이 왔어요. 이 층의 큰 문제는 죄다 보고했고, 더는 보고할 것도 없습니다. 이대로 가다간 이 층에서 영영 못 벗어날 겁니다. 오해는 마세요. 여기가 싫다는 뜻은 아닙니다."

"오해 안 해요. 저도 가고 싶은 층이 있었다면 갔을 거예요. 여긴 동물원이거든요. 각자 자기 볼일만 열심히 보고 있죠."

"그러게요."라고 무심히 대답하던 로건은 카일의 마지막 말을 곱씹었다.

"정말 동물원이네요."

카일이 점심 먹으러 가자며 들렀을 때 로건은 두 다리를 책상 위에 올려놓고 의자 등받이에 한껏 기댄 자세로 책을 읽고 있었다.

"아주 편해 보이는데요. 무슨 책이에요?"

"스티븐 코비의 《성공하는 사람들의 7가지 습관》이요."

"그 책이 효과가 있긴 있나 봐요."

로건은 책을 책상에 내려놓고 테니스공을 허공으로 띄웠

다가 받았다.

"자, 그럼 송별 점심을 먹으러 갈까요?"

카일은 옆으로 빗나간 공을 낚아챘다.

"아니, 왜요? 뭔데요?"

"문제점에 대해 새로운 가설을 세웠거든요. 맞는지 오늘 오후에 시험해볼 생각입니다."

로건은 점심식사 후 발길 닿는 대로 이 사람 저 사람 책상으로 불쑥 고개를 내밀고, 뭘 하고 있는지 물었다. 가장 먼저 만난 사람은 명패에 '마리아 가르시아'라고 적힌 젊은 중남미계 여직원이었다.

"안녕하세요, 얼마 전에 온 조직개발 분석원 로건 벨입니다. 잠시 질문 하나 해도 될까요?"

마리아는 미소를 머금었다.

"조직개발 분석원이라…… 그런 사람이 있는 줄 몰랐어요."

"제가 오면서 생긴 겁니다."

"아…… 같이 일하게 돼서 반가워요. 어떤 질문인가요?"

"지금 무슨 일을 하고 계신가 해서요. 진행하는 프로젝트 말고, 방금 뭘 하고 계셨나요?"

"우리 팀에서 선배 팀원에게 감사하는 의미로 파티를 열어주려고 해요. 그래서 그 장소로 이탈리안 레스토랑을 물색 중이었어요."

"멋지네요. 즐거운 파티가 됐으면 좋겠네요. 고맙습니다."

"아니에요."

그는 15미터 정도 떨어진 브렛 랜디스의 책상에서 발길을 멈췄다. 거기서도 역시 같은 질문을 반복했다.

"다음 달부터 MBA 과정을 밟게 돼서 예습할 겸 미리 봐둘 책이 없나 인터넷에서 알아보고 있었습니다."

브렛은 대답했다.

다음으로 만난 사람은 에이미 맨델이었다. 그녀는 결혼식 에티켓에 관해 궁금한 게 있어서 자신의 신부들러리에게 이메일을 쓰던 참이라고 했다. 15미터 더 가서 만난 번 존슨은 은퇴 후 투자설계를 다시 검토하고 있었다. 멜리사 크럼프는 인터넷으로 공과금을 내고, 은행 잔고를 확인하는 중이었다.

티아라 잭슨을 찾아갔을 땐 전화통화가 끝날 때까지 기다려야 했다. 그녀는 딸의 보육원 선생님과 통화 중이었다. 시드니 린든은 고등학생 아들의 학생회장 선거에 내걸 슬로건을 궁리하고 있었고, 톰 허친스는 〈월스트리트 저널〉의 웹사이트에서 사설을 읽고 있었다. 아델라 산체즈는 칙릿소설의 마지막 페이지를 넘기고 있었으며, 자레드 앵거슨은 자신이 응원하는 축구팀의 경기 성적을 들여다보고 있었다. 티모시 윌스는 비디오게임을 마저 끝낼 때까지 기다리라는 손짓을 했다. 자기 최고 기록을 재경신하느냐 마느냐가 걸려 있었다고 했다.

로건은 자리로 돌아와 이메일을 열어 사장에게 새로운 메시지를 보냈다.

제 눈에 보이는 이곳의 가장 큰 문제는 회사의 목표와 관련된 일은 하는 사람이 아무도 없다는 것입니다.

정확히 15초 후 답신이 날아왔다.

축하해요. 이제야 답을 찾았군요. 잠시 올라오세요.

4

회사의 목표에 부응하고 싶지 않은 것도
직원들의 자유입니다

로건은 엘리베이터를 타고 5층을 눌렀다. 엘리베이터 문이 열리자 로건은 휑뎅그렁한 실내를 눈으로 훑었다. 그러고는 사장의 책상을 향해 걸음을 내디뎠다.

"오랜만이죠? 앉으세요."

로건은 중역의자 중 하나에 앉았다.

"1층에서의 과제를 훌륭하게 해냈군요. 메일로 보내준 분석 모두 옳은 지적이에요."

"처음에 보낸 다섯 번은…… 사장님께서 기대하신 답이 아니었을 겁니다."

"그래도 몇 가지 중요한 문제점을 짚어줬지요. 마지막 메일만큼 결정적이진 않지만요."

"예? 아, 예, 좀 헤맸습니다. 1층 직원들의 그런 근무태도를 왜 그냥 두시는 건가요? 실용성 있는 소프트웨어가 실제로 개발되고 있는 건가요? 제가 보기엔 회사에 기여하는 바가 전혀 없어 보입니다."

"맞아요, 별로 없어요."

"주제넘은 질문이지만, 사장님께서 각층 사업국의 손익현황을 알고 계시는 거 아닙니까?"

"물론이죠. 1층의 손익계산서 한번 볼래요?"

사장은 책상으로 손을 뻗어 파일 하나를 뽑아 로건에게 건넸다. 로건은 첫 장을 재빨리 훑어보았다. 이렇게 형편없는 실적은 처음이었다.

"작년에 막대한 적자를 냈군요."

"유감스럽게도."

"재작년에는 어땠습니까?"

로건은 사장의 대답을 기다리지 않고, 서류를 후루룩 넘겼다.

"매년 적자였는데, 왜 아무 조치를 취하지 않고 계신지 이해가 안 됩니다."

"이곳에선 어느 누구에게도 억지로 강요하지 않거든요. 자기가 선택하기 나름이죠."

"그럼 1층 전직원이 맨날 농땡이를 피워도 아무 문제가 안 되는 건가요?"

"회사의 목표에 부응하고 싶지 않다면 그건 그들의 자유예요. 그게 주주님의 뜻이니."

"주주님이요? 그분이 누군가요?"

"이 회사의 소유주요."

"주주가 한 분뿐입니까?"

"우리는 개인소유 회사예요."

"그분이 1층에서 자기 돈을 매년 엄청나게 까먹든 말든 상관하지 않는다고요?"

"상관이야 하죠. 단 그들에게 선택의 자유는 주겠다는 거예요. 가끔은 회사에 기여해야겠다고 마음을 고쳐먹는 사람도 있구요."

"그런 사람은 어떻게 됩니까?"

"1층 말고도 4개 층이 더 있으니, 다른 층으로 갈 수 있어요. 그런 의미에서 이제 다음 과제를 줄까 하는데, 2층으로 올라갈 준비가 됐나요?"

로건은 5층의 드넓은 공간으로 눈길을 던졌다가 다시 사장을 바라보았다.

"예, 그런 것 같습니다. 다만 1층에 그새 정이 든 친구가 있어서 서운하긴 하지만요. 좋은 친구인데, 1층에 두고 가려니 좀 걸립니다. 정말이지 1층은 하는 일이 없습니다. 그렇다고 행복해 보이지도 않구요."

사장은 의자 등받이에 몸을 기댔다.

"자기에게만 몰두하니 그럴 수밖에요. 사는 게 의미 없어지죠. 1층에서 마음 맞는 친구가 생겼다니 반가운 얘기이긴 한데, 그 친구를 거기에 붙잡는 사람은 아무도 없어요. 있다면 그 사람 본인이에요. 어느 층으로든 원하는 대로 옮길 수 있지만, 그럴 준비가 안 됐기 때문에 못 가는 것이죠."

"예. 그런 것 같습니다. 그 친구가 싱싱해나갔으면 합니다."

"동감입니다."

사장은 몸을 앞으로 기울였다.

"자, 2층으로 올라갈 준비가 되셨나요?"

로건은 고개를 끄덕였다.

"2층은 1층하고 상당한 대조를 이룰 겁니다."

"좋은 의미의 대조였으면 좋겠네요. 회사를 위해서요."

"그런지 아닌지 어디 직접 알아보세요."

사장은 자리에서 일어나 손을 내밀었다.

"아차, 물어본다는 걸…… 아버지하고는 어때요? 사이가 좋아셨나요?"

로건의 얼굴이 일순 환해졌다.

"여기 취직했다고 말씀드린 후로 급진전됐습니다. 저한테 거는 기대가 크시다 보니……."

"잘됐네요. 암튼 다시 만나서 즐거웠어요. 2층에서는 부디 좋은 인상을 받길 바래요."

"그래야죠."

로건을 뒤돌아서 엘리베이터로 걸음을 옮겼다. 이 회사에서의 진짜 일은 이제부터 시작이라고, 다짐하며.

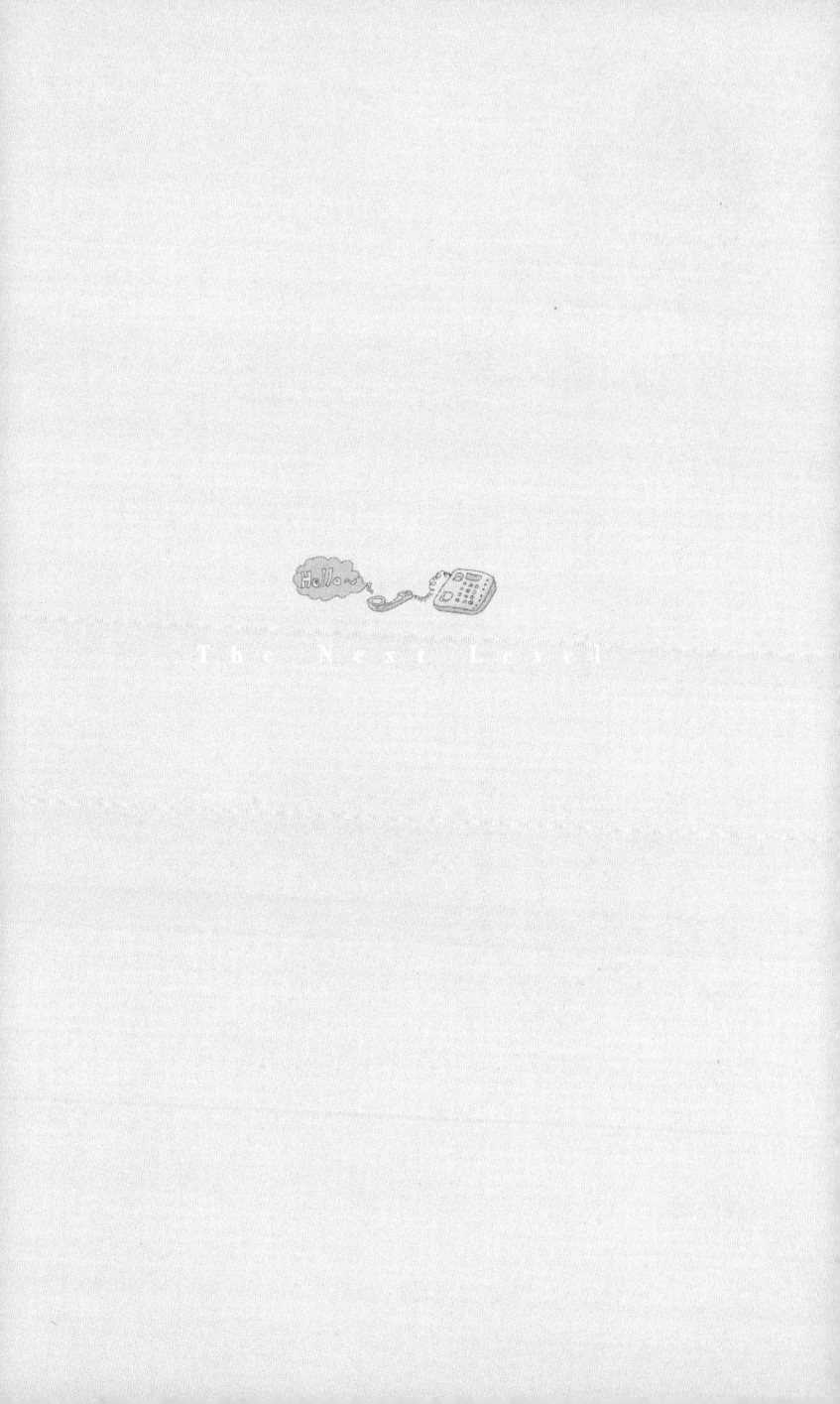

The Next Level

미션1 로건, 2층으로 가다!

각종 규칙, 규율에 치여서
일은 언제 하죠?

"여기, 직원윤리강령입니다."
로건은 책상 위로 손을 뻗어 네이딘 플라트가 내려놓은 백과사전 같은 책을 집어 들었다. 구형 노트북을 들 때의 묵직함이 전해졌다. 그녀는 회색 머리를 가지런히 뒤로 넘겨 하나로 묶고, 지극히 사무적인 무채색 정장 차림이었다.

"직원들이 회사 안팎에서 신념, 정직, 품위, 성심을 실천해야 한다는 것이 우리 2층의 원칙입니다. 윤리강령은 이 원칙을 최선을 다해 실행하고자 하는 우리들의 다짐입니다. 이 내용을 잘 숙지한 다음 준수하겠다는 서약서를 쓰도록 하세요."

로건은 무게를 재듯 책을 한 손에 올려놓았다.

"제가 2층에 있는 동안에 다 봐야 합니까?"

순간 그녀의 눈에 노기가 서렸다 사라졌다.

"죄, 죄송해요."

로건은 움찔해서 황급히 얼버무렸다.

"좀 두꺼워 보여서요."

"성심은 중요한 실천 덕목이에요."

네이딘은 일어서더니 따라오라는 손짓을 했다.

"윤리강령에 명시되지 않은 그 외의 규칙들을 알려드리죠."

둘은 양 옆으로 책상이 놓인 긴 복도를 걸어갔다. 지나면서 보니, 모든 책상이 티끌 하나 없이 깨끗했다.

"회사의 모든 재산은 회사 일에 사용되어야지, 일신상의 목적이나 이익을 도모하기 위해 사용되어선 안 돼요. 이것은 윤리강령에도 금지돼 있고요. 개인적인 전화는 위급 상황인 경우를 제외하고 2분으로 제한됩니다. 위급 상황이라면 3분간 통화할 수 있고요. 인터넷과 기타 통신 기기를 개인적인 용무로 쓰는 것도 하루 10분으로 제한됩니다."

복사기가 일렬로 늘어선 곳에 다다랐다.

"복사지는 재활용합니다. 다 쓴 종이에는 '재사용' 도장을 찍어서 깨끗한 면이 보이도록 재활용 상자에 넣도록 하세요."

다시 책상의 줄이 이어졌다.

"사탕이나 너트의 사무실 내 반입은 허용되지만, 사탕은 4개, 너트는 12개까지입니다."

"너무 적지 않나요?"

"우리는 사우들에게 건강에 해로운 생활습관은 권장하지 않아요. 그리고…… 칸막이가 없는 책상은 옆 책상과 정확히 98인치의 간격을 두도록 하세요. 팀장에게 줄자가 있으니 빌려서 재면 돼요."

"왜 꼭 98인치인가요?"

"다른 사람의 업무상 대화를 엿들을 수 있기 때문에 그런 일을 미연에 방지하기 위해서예요."

"그 정도 거리는 들릴 것 같은데요."

"오른편 아래쪽 책상서랍에 귀마개가 있으니, 꺼내놓고 필요할 때 사용하도록 하세요."

왼쪽으로 회의실이 보였다.

"이 층에는 모두 12개의 회의실이 있어요. 반드시 3일 전에 예약해야 하며, 3인 이상의 미팅은 팀장의 승인을 받아야 합니다. 물과 스위타트처럼 끈적이지 않는 사탕을 제외하고는 어떤 음식이나 음료도 회의실에 들여선 안 돼요. 반입이 허용되는 종류인지 판단이 서지 않을 땐 반입승인 담당자에게 문의토록 하고, 사탕은 1인당 최대 4개까지만 갖고 들어갈 수 있습니다. 회의실 사용 후에는 사용한 사람이 뒷정리를 깨끗이 하고, 필요에 따라 올드잉글리시 브랜드의 가구 광택제로 테이블을 닦도록 하세요."

"플레지라든가 다른 브랜드를 쓰면 안 되나요?"

그녀는 이리저리 눈동자를 굴렸다.

"안 돼요. 플레지는 안 돼요."

유리문을 지나자 부엌이 나왔다.

"본인에게 배정된 주방이에요. 여기 외에도 5개가 더 있지만, 해당 구역 이외의 사람은 출입금지입니다. 주방은 오전 11시 30분부터 오후 1시까지만 개방됩니다."

"그 외 시간에는 안 되나요?"

"네. 오후 1시에 닫을 때는 깔끔하게, 모든 것이 제자리에 있어야 합니다. 예외는 없어요. 이 규칙을 어긴 사람에게는 한 달 동안 주방 이용 자격을 박탈합니다."

부엌을 나온 후에도 그녀의 주의사항은 계속되었다.

"이 층의 복장규정은 매우 엄격합니다. 참고로 지금 입고 계신 복장은 맞지 않으니 직원윤리강령에서 복장규정 편을 찾아보도록 하세요. 저랑 얘기가 끝나는 즉시 여기를 나가서 적절한 복장으로 갈아입고 오세요. 엘리베이터까지 안내해드리죠. 개인 용무에 할당된 시간에서 만나절을 제하게 될 거예요."

"반나절이요? 20분이면 갔다 올 텐데요?"

"반나절입니다. 복장규정을 잠시라도 어긴 직원은 처벌을 받게 되죠. 복장을 제대로 갖추러 엘리베이터로 이동하기 전에 더 질문할 게 남았나요?"

"아닙니다. 워낙 자세히 설명해주셔서요."

진짜 하고 싶은 질문은 따로 있었다. 복잡한 각종 규칙, 규율에 치여서 과연 일은 어떻게들 하느냐고 묻고 싶었다.

· · ·

유니버설 시스템 건물로 돌아오자마자 로건은 부리나케 2층의 총괄 책임자인 대럴 스틸스 국장과의 일대일 미팅에 들어갔다. 이미 10분 지각이었다.

"정말 죄송합니다."

대럴의 사무실 문을 열기가 무섭게 머리를 조아리며 사과했다.

"집에 가서 옷을 갈아입느라 늦었습니다."

그는 악수를 하며 호탕하게 웃었다.

"이런이런…… 네이딘이 군기를 너무 잡았구만."

"아주 혼났습니다."

"첫날인데 좀 봐주지 않고 말이야. 그래도 잘 받아주시니 고맙구려. 앉게. 그래, 1층에 대한 평가는 이미 끝냈다고?"

"예, 그렇습니다. 깨달은 바가 많았습니다."

"여기 2층은 1층과는 좋은 대조를 보여줄 걸세. 네이딘의 말은 에누리해서 들어 넘기게. 나쁜 뜻은 없는데, 규칙에 있어서만큼은 도가 지나치게 까다롭게 군다네."

로건은 얼굴에 장난기 어린 미소를 지었다.

"그 말씀은 2층에서 플레지를 써도 된다는 거지요?"

대럴은 눈살을 찌푸렸다.

"에이 그건 아니지. 우린 올드잉글리시만 고집해."

"앗, 그렇군요."

"2층에 규칙이 주렁주렁 많은 것은 규칙 자체가 좋아서가 아냐. 진짜 의도는 성심이지. 우리는 성심이야말로 조직과 개인이 좇아야 할 최고의 가치라고 믿는다네. 그래서 회사 안에서 뿐 아니라 밖에서도 몸가짐 하나하나에까지 공경과 배려를 담고자 하는 거고."

"이런 가치를 강조하는 것은 여기 2층뿐입니까?"

"흐음 글쎄. 딱 잘라 말하기 어렵구만. 3층과 4층도 성심을 핵심 가치로 내세우는 건 분명해. 하지만 우리 자랑 같네만, 우리는 유니버설 시스템의 다른 누구보다 성심을 최우선으로 실천하고 있다고 믿어 의심치 않아. 사람을 대함에 있어 성심을 다하면 필연적으로 자기 자신에게도 성심을 다하게 되지. 자신에게 성심을 다하면 조직의 이익을 극대화시키게 되고 말이야. 그야말로 가속도가 절로 붙는 선순환이지. 결코 멎을 일이 없어. 우리 직원 모두의 성심에 대한 열의가 얼마나 뜨거운지 실감할 걸세."

"듣기만 해도 훈훈하네요. 이쯤에서 미팅 일정을 잡아보는 게 좋지 않을까 합니다."

"첫 일정을 진작에 세워뒀지. 내일 아침 8시에 부서장 일곱 명과 전략기획회의가 있어. 우리의 이번 달 회의 중 가장 중요한 회의라 할 수 있지. 여기가 어떻게 돌아가는지 엿볼 수 있을 걸세."

"일사천리군요. 감사합니다. 기꺼이 참석하도록 하겠습니다."

"그래야지! 회의실이 어딘지 안내하도록 하지. 앉을 책상은 오늘 오후 중으로 마련해줌세."

· · ·

다음 날 아침 7시 55분에 로건은 지정된 회의실에 도착했다. 대럴의 직속 부서장 일곱 명 전원이 앉아서 이미 회의에 돌입해 있었다. 로건이 문을 열자 대화가 중단됐다.

"어서 오게, 로건."

대럴은 빈 의자를 가리키고 부서장들에게 고개를 돌렸다.

"여기는 로건 벨. 새로 들어온 조직개발자라네."

모두가 로건에게 가볍게 목례를 했다.

"로건은 회사 각 층의 운영 효율성을 평가 중이라네. 우리 층 어디든 접근할 수 있고, 누구하고든 면담할 수 있으며, 징계회의를 제외하곤 어떤 회의든 참석할 수 있다고 했으니 모두들 협력하도록. 물론 이 층에 대한 로건의 보고가 어떤 성격이 될지는 말할 필요가 없겠지."

대럴은 이를 드러내며 웃었고, 일곱 명의 부서장들도 공감한다는 듯 미소를 띠었다.

"우리가 매사를 얼마나 질서정연하고 확실하게 처리하는지 알아줄 거라 믿네."

로건이 노트북을 꺼냈다. 대럴은 큼직한 표가 그려진 흰색 보드판으로 눈을 돌렸다. 표의 왼쪽에는 세로로 갖가지 항목이 잔뜩 적혀 있었고, 상단에는 가로로 첫 주부터 마지막 주가 표시돼 있었다.

"로건은 우리가 주요 전략기획에 사용하는 차트를 처음 볼 거야. 로건, 이제부터 이 표가 어떻게 채워지는지 지켜보게나."

대럴이 회의실을 둘러보았다.

"자, 이번 주에 우리가 어떻게 해왔는지 한번 볼까? 부서원에게 이해충돌의 소지를 보고받은 사람 있나?"

두 명의 부서장이 손을 번쩍 들었다. 그러자 대럴은 차트의 한 칸에 '2'라고 적었다.

"부서원이 고객으로부터 100달러 이상의 선물을 받았다고 보고받은 사람은?"

한 명이 손을 들었고, 대럴은 '1'이라고 기록했다.

"고객으로부터 부적절한 행사나 모임에 초대를 받은 적이 있다고 보고받은 사람?"

세 명이 손을 들었다.

"좋아. 그럼 윤리강령 위반사례를 목격했다고 보고받은 사람?"

일곱 명이 일제히 손을 들었다. 대럴은 주먹을 불끈 들어 올렸다.

"완벽한 기록이야. 5주 연속 신기록 행진이구만. 영업직원이 고객에게 사실 그대로 말하지 않았다고 털어놓은 사람은?"

세 명이 손을 들었다.

"반드시 시정해야 할 문제야. 업계 최고의 정직한 영업 인력이라는 평판을 듣도록 해야지."

그리곤 '3'이라고 적어 넣었다.

"이번에는 직원들의 자원 활용 실태를 살펴볼까? 인터넷을 부적절한 용도로 사용하는 직원을 적발한 사람?"

두 명이 손을 들었다. 대럴은 그 중 한 명에게 고개를 돌렸다.

"그 직원은 도대체 뭘 보고 있던가?"

"이틀 전 있었던 캐나다 컬링 경기 득점표를 보고 있었습니다."

대럴은 고개를 절레절레 흔들었다. 그리고 손을 든 또 다른 부서장에게 시선을 돌렸다.

"준, 자네 직원은?"

"치킨 엔칠라다 요리법을 보고 있더군요. 혼쭐을 냈습니다."

"잘했군. 그래도 직원 1천 명 중에 이 정도면 그다지 나쁜 성적은 아냐. 마지막으로 가장 중요한 근태로 넘어가도록 하지. 아침 7시 45분 넘어서 출근한 직원이 있는 사람?"

한 명이 쭈뼛거리며 손을 들었다.

대럴은 다시 고개를 내저었다.

"이번에도 그 친구?"

"예."

"그 사람 평균 출근 시간이 몇 시인가?"

"7시 51분입니다."

"흠……."

대럴은 잠시 침묵했다.

"바로 이런 사람들 덕분에 우리에게 아직 개선의 여지가 남아 있는 것이니, 반드시 나쁘게 해석할 일은 아냐. 자 그럼 전략기획으로 넘어가보세."

로건은 그때까지 노트북을 쓸 일이 없었다. 자질구레한 안건을 처리했으니 이제는 본론으로 들어갈 것이라고 확신했다.

대럴은 들고 있던 표시 펜을 부서장 중 한 명에게 건넸다.

"이 부분에 대한 논의는 조지에게 진행을 해달라고 부탁했네. 조지는 그동안 이 주제에 각별히 관심을 기울여왔고, 그래서 우리를 이끌어줄 적임자라고 생각하네."

대럴이 앉고 조지가 일어나서 보드판 앞으로 갔다.

"과찬의 말씀입니다."

그는 모두를 마주보고 섰다.

"사원용 주방 청결 부문에서 개선의 여지가 필요하다는 얘기를 우리는 수차례 했습니다."

여기저기서 고개를 끄덕였다. 로건은 주위를 둘러본 뒤 노트북에 '주방 청결'이라고 타이핑했다.

"이 문제에 대한 우리 2층 사업국의 정책이 어떠한지는 윤리강령에 아주 명확하게 밝혀져 있습니다. 하지만 그 실행은 지금 우리의 시급한 당면 문제입니다. 영업팀이 판촉을 위해 손님을 회사 안으로 모시고 오곤 하는데, 그러다 보면 주방을 지나게 됩니다. 조리대에 묻은 커피 얼룩이며 개수대에 방치된 먹다 남은 라자냐를 보게 되죠. 실제로 저도 봤습니다."

어딘가에서 헉 하는 소리가 터져 나왔다.

"불 보듯 뻔했지요. 그날 거래는 성사되지 않았습니다."

"우리 층 전체의 실적이 바로 이 문제 때문에 위기에 처해 있는 것입니다. 제 나름대로 생각이 있긴 하지만, 여러분과 같이 머리를 맞대고 그 해결책을 찾았으면 합니다."

상시 모니터 시스템을 구축하자거나, 종이나 플라스틱으로 된 일회용 식기만 사용하자는 등 갖가지 해결책이 쏟아져 나왔다. 최종적으로 채택된 안은 직원 각자가 교대로 근무시간을 할애해 주방 모니터를 한다는 것이었다. 이렇게 하면 주방청결을 유지하면서도 모든 직원이 문제에 대한 책임의식을 갖게 되어 인성교육의 효과도 가질 수 있다는 것이 그 이유였다.

회의가 끝나고, 로건은 대럴을 따라 그의 사무실로 들어갔다.

"로건, 자네가 함께 자리해서 좋았네. 이렇게 큰 조직이 전략기획을 짜고, 그것을 즉각 실행 가능한 방법으로 도출하는 과정을 지켜보는 것만큼 가슴 설레는 일도 없지. 필요한 메모는 다 적었겠지?"

"예, 그런 것 같습니다."

"좋았어! 그럼 이제 자네가 원하는 미팅을 잡아보기로 하세. 어떤 직원을 면담하고 싶은지, 또 일하는 현장 어디부터 보고 싶은지 말해보게나."

로건은 망설였다.

"저기, 그건 나중에 말씀드리고 싶습니다. 방금 회의를 듣고 보니 2층 분석을 어떤 식으로 접근해야 할지 다시 생각해봐야 할 것 같습니다. 내일 아침에 이 얘기를 다시 해도 될까요?"

"그럼, 물론이지. 이메일로 연락주게. 시간을 잡을 테니."

로건은 자리로 돌아와서 사장에게 이메일을 보냈다. 즉시 대답이 왔다.

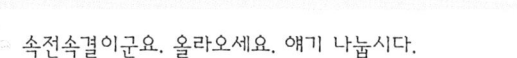

속전속결이군요. 올라오세요. 얘기 나눕시다.

성심이 훌륭한 가치이긴 하지만, 그게 전부가 아니잖아요?

"축하해요. 2층의 문제를 빨리도 간파했군요."
사장은 책상에 커피 한 잔을 내려놓았다.
"뭐 좀 마시겠어요?"
"닥터페퍼가 있을까요?"
"콜라는 있는데."
"콜라도 좋습니다."
사장은 미니냉장고를 열어 캔 하나를 꺼내 로건에게 건넸다. 그는 우선 캔을 따서 목을 축인 다음 말문을 열었다.

"2층은 파악하기 어렵지 않았습니다. 그분들은…… 이런 말씀드리기 외람되지만……."

"허심탄회하게 얘기하세요. 그러라고 뽑은 겁니다."

"그들은 스스로 만든 규칙과 규율에 스스로를 옭아매고 있습니다. 그래서 그 외의 것들을 생각할 시간이 없어 보입니다. 여쭤봐도 됩니까? 2층 사업부에서 수익을 내고 있나요?"

사장은 손익계산서 파일을 뽑아서 내밀었다.

로건은 찬찬히 훑어보았다.

"1층처럼 심한 건 아니지만, 지난 5년 동안 수익이 없었네요. 전혀요. 그 전에는 어땠습니까?"

"같아요."

"왜 그토록 규칙에 매달리는 거죠?"

"그들이 매달리는 것은 규칙이 아니라 성심이에요. 직접 들었겠지만. 규칙은 그 형식에 불과하죠. 안타까운 것은 성심과 올바름이 그들이 지향하는 전부라는 거죠."

"어이없는 말인지 모르겠지만……."

"모르겠지만?"

"어떤 면에서 1층하고 다르지 않다고 생각합니다."

"그렇게 생각하는 이유는?"

"그들 나름의 방식으로 나름의 목표를 정하고, 나름의 뭔가를 하고 있을 뿐이니까요. 성심이니 뭐니 겉보기엔 1층보다 훨씬 나아 보이지만 조직의 진짜 목표를 달성하는 데 쓸 시간은 없을 겁니다."

"그거예요. 사실은 1층만큼이나 자기 것에만 골몰하고 있는 거죠. 주주님이 원하는 것이 아니라 자기들이 원하는 것에요. 성심이란 게 정말 훌륭한 가치이긴 하지만, 그게 전부도, 가장 중요한 것도 아니거든요."

로건은 고개를 끄덕였다.

"성심을 그렇게까지 극단적으로 가져가면 본래의 좋은 의미는 온데간데없어지는 것 같습니다. 사람들에게 보탬이 되자는 거잖아요. 우리가 상품을 만드는 것도 그런 이유 아닌가요? 사람들을 돕자는?"

"로건이 본 것 외에 더 있을 거예요. 2층에 만나봐야 할 사람이 한 명 더 있어요. 얘기하고 나면 2층에 대한 평가가 조금 바뀔지도 모르지요."

2층으로 돌아오자마자 로건은 카일에게 전화를 걸었다. 그는 98인치 떨어져 앉은 사람에게 들리지 않게 소곤거렸다.

"저 곧 있으면 3층으로 올라가요."

"3층이요? 2층에 간 지 얼마 안 됐잖아요."

"여기는 진단하고 말 게 없었어요."

"그래서, 그곳은 저한테 맞는 층이던가요?"

"아직은 아니에요. 여기는 사람들도 대부분 좋고, 사무실들도 지저분하지 않고 깔끔하지만, 조금 괴벽스러워요……. 암튼 여긴 규칙이 한 트럭은 돼요. 들으면 기절할 겁니다."

"3층으로 언제 가요? 올라갈 때 짐 옮기는 거 도와줄게요. 여긴 좀 한가해요."

"올라갈 때 부탁할게요. 사장님이 가기 전에 해외사업팀 부장을 만나보라고 하세요."

"그럼 그러세요. 이메일 줘요."

· · ·

로건은 신디 홍을 만나고 그녀가 단박에 맘에 들었다. 밝고 활달한 성격에 온몸에서 자신감이 넘쳐났다. 로건이 2층에서 받은 인상을 얘기하자 배를 잡고 웃었다.

"맞아요, 여기 사람들이 좀 답답한 구석이 있죠. 우리 해외사업팀은 그렇진 않아요. 좀 자유로운 편이죠. 추구하는 가치는 같지만, 스타일은 달라요. 우리가 정말 보람을 느끼는 일이 해외사업을 하며 온정을 베푼다는 건데, 가령 전 세계에 몇몇 지역을 엄선해 물류 소프트웨어를 70퍼센트 할인율로 제공하고 있어요. 그 중 소수 지역에는 90퍼센트까지 할인해줘요."

"90퍼센트나요? 어떻게 그렇게 할 수 있습니까? 굳이 그러는 이유라도 있나요?"

"그로 인해 발생하는 손실은 나머지 사업에서 충당하고 있어요. 이유라면, 우리의 소프트웨어로 현지 정부와 비영리단체들이 자원을 보다 효율적으로 관리하도록 돕고, 그 결과 개도국의 수백만 명에게 식량과 의약품, 의료서비스 등을 보다 원활히 공급할 수 있기 때문이에요. 직접적으로 자선단체에 기부하기도 하지만, 저는 이게 우리가 조직으로서 우리의 가치를 실현하는 최상의 방편이라고 생각해요."

로건은 해외사업팀의 수익보고서에 힐끗 시선을 던졌다.

"구호에 들이는 노력이 보통이 아니네요!"

"우리가 아무런 자각 없이 누리는 삶의 혜택을 전혀 누리지 못하는 사람들이 얼마나 많은데요. 그런 사람들을 돕는 것만큼 성심을 보여주는 게 또 있을까요? 우리가 누린 만큼 되돌려주는 것이 우리가 최소한 할 수 있는 일이죠."

● ● ●

"2층 해외사업팀에 대해서는 어떤 결론을 내렸나요?"

사장은 읽던 책을 덮어 책장에 꽂으며 물었다. 로건은 책상 맞은편 의자에 앉았다.

"정말 좋은 일을 많이 하고 있었습니다. 대단하더군요. 그 팀은 실제로 세계 곳곳에서 사람들을 돕고 있습니다."

"그렇죠? 많은 이들이 혜택을 받고 있죠."

"솔직히 그들이 하는 일은 전혀 흠잡을 데가 없는 것 같습니다. 2층의 국내사업팀들과는 전혀 다릅니다."

"하지만 그 둘은 로건의 생각보다 닮아 있어요."

로건은 의외의 대답에 얼이 빠졌다.

"어떻게요? 전 잘 모르겠는데요."

"시간을 더 두고 지켜보면 알게 될 거예요."

사장은 몸을 일으켰다.

"그 답은 시간을 줄 테니 따로 고민해보기로 하고, 이제 3층으로 올라가세요. 안내해줄 사람을 대기시켜 놨으니 먼저 찾아가도록 해요. 아마 이 회사에서 만나는 사람 중 가장 유쾌한 사람일 겁니다."

미션 III 로건, 3층으로 가다!

진짜 CEO는 우리에게
영구직을 보장해줄 거예요!

로건은 오른손을 내밀었다. 리마 바시르. 올리브빛 피부의 중년 여성이 양손으로 그의 손을 덥석 잡았다.

"어서 오세요! 잘 오셨어요! 어느 자리에 앉을지 정하셨어요?"

악수할 때 양손으로 손을 감싸는 사람을 만날 때마다 로건은 늘 무안해진다(상대방은 항상 여성이었다). 그러면서도 영 싫지는 않았다. 하지만 덮어놓고 진심으로 기뻐해주는 것이…… 어쩐지 민망했다. 리마가 그랬다. 그녀는 로건에게 환영받고 있다는 느낌을 강하게 전해주었다.

두 사람은 책상에 자리를 잡고 앉았다.

"각 층의 장단점을 분석하고 있다고 들었어요."

"예, 그래서 사장님께 보고를 드립니다."

"우리 층은 순탄하게 돌아가고 있어요. 우리가 이루는 성과에 자부심도 꽤 커요. 1층이나 2층과는 질적으로 다르다는 걸 발견하게 될 거예요."

"질적으로요?"

"눈치 챘겠지만, 그 층 사람들은 회사가 전체적으로 어떻게 운영되는지, 위에서 자신들에게 무엇을 기대하는지 별로 생각하지 않아요. 이 층에선 그것을 매우 중요하게 여겨요. 이렇게 보다 거시적인 시각이 우리 일에 더 큰 의미를 부여하죠. 자세한 얘긴 우리 층의 핵심 관리자들에게 들으세요. 그분들 중 먼저 한 분을 인사시켜 드릴게요. 가보죠. 로건을 기다리고 있어요."

리마는 중간 크기의 평범한 사무실로 로건을 안내했다. 안으로 들어가니 머리가 벗겨지고 안경을 쓴 남자가 앉아 있었다. 리마가 이미 열린 문을 똑똑 두드리자 그는 만면에 미소를 지으며 일어섰다.

"어서 오세요, 어서! 리마, 기다리고 있었습니다!"

그는 로건 쪽으로 손을 뻗었다.

"이 친구가 새로 왔다는 조직개발 직원이군요. 살리트라고 해요. 3층에 잘 왔소. 얼마 동안 한 식구로 일하게 됐으니 잘 부탁하오."

세 사람이 이런저런 한담을 나눈 지 몇 분이 지나자 리마는 로건을 남겨두고 방을 나섰다. 살리트는 차 한 잔을 가득 담아서 로건에게 내밀었다.

"뜨거운 차 좋아할까 모르겠네. 난 하루라도 이걸 마시지 않으면 안 된다오."

살리트는 자신의 잔에도 차를 따라서 한 모금 홀짝였다.

"자, 내가 3층 평가를 어떻게 도와주면 되겠소?"

로건은 닥터페퍼이면 싶었지만, 예의상 차를 받아 들었다.

"지금 단계에서는 3층에서 어떤 일들을 하고 계신지 개요 정도만 들었으면 합니다. 3층 사업국에는 부서장이 모두 열세 분 계시고, 각 부서가 기획, 예산, 운영 측면에서 상당한 자율권을 갖고 있다고 들었습니다."

"맞소. 그중 주 수익부서가 다섯 곳, 군소부서가 여덟 곳이라오. 내 부서도 수익부서 중 하나고. 우리 3층은 1, 2층보다 회사에 대해 보다 통합적인 비전을 갖고 있다고 자부해요. 답답하게도, 아래층의 시야는 근시안적이지. 그들의 손익계산서가 그 사실을 증명하고 있잖소. 내가 그러더라고는 말하지 마시고."

"3층의 수익부서들이 모두 같은 비전을 공유하고 있다고 봐도 될까요?"

"아, 아니오. 천만에. 우리 국장님 일이 왜 그렇게 힘든 건데. 저마다 다른 시각을 통합해 하나의 일관된 계획으로 짜려니 오죽하겠소. 하지만 공유하는 부분이 없지는 않소."

"예를 들면요?"

"1, 2층과 달리 우리는 우리 위에 누군가 계시고, 그분을 위해 일해야 한다는 사실을 잘 알고 있다오. 이 사실을 받아들이는 방식에 있어서는 조금씩 차이가 있지만 말이오."

"부장님은 어떠신데요?"

로건은 살리트의 얘기를 들으며 노트북에 타이핑했다.

"우리 부서는 이 회사의 맨 윗자리에 진짜 CEO가 있다고 믿소. 실제로 본 적은 없지만, 계실 거라고 믿지."

"사장님 말씀인가요?"

"아니지. 그분은 진짜 CEO가 아니라고 알고 있소."

로건은 자세를 고쳐 앉았다.

"그럼…… '진짜 CEO'가 따로 계시다는 건 어떻게 아세요?"

"몇 해 전, 정확히는 16년 전, 한 경영 컨설턴트가 우리 쪽 실무팀과 몇 달간 같이 일한 적이 있었소. 그때 그 사람이 CEO에게 직접 들었다며, 우리가 사업을 어떤 식으로 해야 할지 그분의 지시를 받았다고 했소."

"그건 어떻게 아셨습니까? 그 사람이 CEO로부터 지시를 받았다는 것은요?"

"그 사람 말이 그랬소."

"그때 정확히 뭐라고 말했는지 들려주실 수 있을까요?"

"물론이오. CEO와 CEO의 컨설턴트를 알아본 사람은 전부 미래에 우리와 같이 아주 좋은 장소에서 영구직을 보장받게 될 거라고 했소. 그 외의 사람들은 모두 언젠가 해고될 거라고. 그날이 오기 전까지 우리는 여러 가지 일을 해야 한다고 했소."

"여러 가지 일이란 게 뭔가요?"

"모든 사람들에게 CEO와 그 컨설턴트에 대해 알리고, 하루 다섯 번 CEO에게 이메일을 보내는 거요."

"이메일에는 뭘 써서 보내야 하는데요?"

"우리가 겪게 되는 일은 무엇이든."

"그럼 CEO한테 답장이 옵니까?"

"아니지. 누가 받았다는 것도 들어본 적 없고. 또 매일 30분씩 묵념을 해요."

"그건 왜죠?"

"CEO에 대한 충성을 보여주기 위함이오. 말을 하지 않을 때 묵념에 집중이 더 잘 되기도 하고. 또 일주일에 1시간은 교육이 필요하다 싶은 직원들을 돕소. 그리고 1년에 한 번은 우리가 이 빌딩으로 이전하기 전에 있었던 회사의 발상지를 찾아간다오."

"그건 왜요?"

"그거야 우리의 뿌리, 즉 CEO가 처음 우리에게 자신을 드러내셨던 곳에 경의를 표하기 위해서가 아니겠소."

로건은 화제를 돌려 살리트가 부서장으로서 하는 구체적인 관리업무를 들어보기로 했다. 통제사이클(성과 기준을 설정해 성과 실현을 확인하는 일련의 예산통제과정), 품질 증진, 경쟁력 우위확보 등등을 열거했다. 그는 그것 하나하나를 CEO가 컨설턴트를 통해 제시했다는 회사의 비전은 물론이고, 그 비전을 실현하기 위해 자신의 부서 전체가 시행해온 규칙들과 연결 지어 설명했다. 로건은 모든 게 어딘지 이상

하기만 했다.

그는 자리로 돌아와 메모한 것을 정리하고, 들은 얘기를 곰곰이 되새김질 했다. CEO란 사람이 누구지? 사장? 아니면 제3의 인물? 왜 이제껏 아무도 컨설턴트 얘기는 안 한 거지? 그는 살리트에게 다시 찾아가느니 사장에게 정확한 대답을 들어보자고 결론을 내렸다.

• • •

다음 나흘간 리마 바시르 국장은 매일 다른 주요 부서장들과의 미팅을 잡아주었다. 맨 먼저 만난 살리트와의 면담에서 받은 느낌과 비슷했다. 각 사업부가 회사에 대해 나름의 생각을 갖고 있었는데, 회사, 경영진, 그 목적에 대해서 알고 있는 내용은 제각각이었다. 각자 자기 생각이 옳다고 믿었고, 그 생각에 따라 일한다고 했다.

두 번째로 만난 부서장은 말쑥한 차림을 한 30대 초반의 남성이었다. 그는 진짜 CEO가 컴퓨터 프로그래머 출신이고, 사람 됨됨이가 훌륭하고 경영기술 측면에서 발군의 자기계발을 한 결과 최고의 자리에까지 올라갔다고 설명했다.

모든 직원이 그렇게 될 수 있다고도 했다. 주어진 소임을 다하면 누구나 그렇게 될 거라고. 그래서 언젠가는 헌신한 모든 이들이 이 회사에서 분리 독립한 회사의 CEO가 될 거라고 말했다.

세 번째 만난 부서장은 짙은 청록색 수트를 입은 활기 넘치는 여성으로, 5층에서 자본주의의 에너지와 지혜가 흘러나온다고 했다. 회사 건물, 회사 컴퓨터, 관리자, 직원 등 회사 전체가 이 흐름을 보여주는 증거이며, 모든 일이 이 흐름과 조화를 이루어야 한다고 했다. 그러면 거기서부터 무궁무진한 수익창출의 잠재력이 터져 나올 거라고 했다.

그녀의 부서 직원들은 적잖은 시간을 이 흐름과 자신을 '합치'시키는 데 보냈다. 비즈니스 자기계발에 관한 책을 쌓아놓고, 그 위에 20분씩 올라 앉아 컴퓨터에서 나오는 동기부여 강연을 경청하는 한편, 모니터 화면에 1천 달러짜리 지폐가 화려한 형광색 섬광으로 점멸하는 것을 뚫어져라 응시했다.

그녀는 직원 각자가 CEO임에도 불구하고, 그런 자신의 위치를 자각하지 못하고 있는 게 가장 큰 문제라고 주장했다. 언젠가 그들이 눈을 떠서 자본주의가 가져다주는 환희와 감동에 빠져들 거라고 했다.

"키보드 버튼을 누름으로써 우리는 우리만의 현실을 창조하는 것입니다. 나는 인생에서 원하는 것은 무엇이든 얻을 수 있어요. 옳은 버튼만 누르도록, 틀린 버튼은 누르지 않도록 조심하기만 하면 돼요."

네 번째로 만난 자그마한 체구의 50대 여성 부서장은 바로 앞서 만난 부서장과 회사에 대한 생각이 비슷했다. 그러나 그녀는 모든 직원이 재고용이라는 절대법칙에 지배받는다는 점을 강조했다.

"그게 뭔가요?"

로건이 물었다.

"우리 모두는 결국 해고됩니다. 그런 다음 다른 직책에 다시 고용되는데, 어떤 자리에 재고용될지는 그 직원이 지난번에 얼마나 잘했느냐로 결정돼요. 고용과 해고, 그리고 재고용이 우리가 완벽한 직원이 될 때까지 계속 반복되는 거죠."

"완벽한 직원이 되면 그 다음에 어떻게 되는 건데요?"

"그 경지에 이르면 더 이상 일개 직원이 아닌, 회사의 일부가 됩니다. 대차대조표에 무형자산 항목 중 하나인 '영업

권'으로 등재되죠. 우리가 모두 영업권이 되는 날 회사는 궁극의 조화에 이를 것입니다."

마지막 부서장은 금테 안경에 염소수염을 기른 키 큰 남자였다. 그를 비롯하여 그의 부서원들의 생각은 매우 구체적이었다.

"우리는 네 가지 진리에 따라 일하고 있어요. 첫째, 고용돼 일한다는 것 자체가 그 속성상 고통을 의미합니다. 둘째, 비즈니스는 변화를 거듭합니다. 영속하지 않는 이윤을 추구하려고 하니 고통스러울 수밖에요. 셋째, 이윤추구의 욕망을 버리면 우리는 고통에서 해방될 수 있습니다. 넷째, 이 욕망을 없앨 수 있는 수행의 길이 있습니다."

"욕망을 없애면 그 다음엔 어떻게 됩니까?"

"비즈니스도 아닌, 비즈니스가 아닌 것도 아닌 경지에 들어서게 됩니다. 영리주의가 사라진 지극한 행복만이 남게 되죠."

로건이 들은 얘기를 종합해볼 때 이 부서가 회사에 대단한 기여를 하고 있다고는 생각하기 힘들었다.

핵심 부서장들과의 면담은 끝이 났지만, 로건의 머릿속은 더 뒤죽박죽이 되었다. 5층으로 올라가 사장을 만나보고 싶었지만, 그 전에 차분히 이야기의 앞뒤를 맞춰보고, 이해해 보기로 했다. 애당초 자기 일이기도 했다. 로건은 조직분석을 하라고 고용된 것이었으니까. 그는 카일과 얘기해보면 실마리가 좀 풀리지 않을까 싶었다.

로건은 엘리베이터를 타고 1층으로 내려갔다. 그곳은 로건이 떠나기 전과 별반 달라진 게 없었다. 대부분의 사람들이 일도 하지 않으면서 바빴다. 카일의 자리로 가는 길에 베스의 책상을 지나쳤다. 그녀는 눈이 마주치자 무표정하게 살짝 손을 흔들었다. 로건도 같이 손을 흔들었다.

카일은 직원 파일을 분류하는 중이었다.

"그건 굳이 뭐 하러 해요? 다들 진짜로 해야 할 일은 뒷전인데."

로건은 들어서자마자 한 마디 던졌다.

"나도 몰라요. 몸을 바쁘게 놀릴 수 있어서인 것도 같고. 그나저나 3층 분석은 어떻게 돼가요?"

"뭐가 뭔지 종잡을 수가 없어요. 그 층은 회사에 대한 생각이 부서마다 제각각이에요. 그래 가지고 일이 되나 몰라요. 회사를 누가 경영하는지, 그 목표는 무엇인지, 직원들은 어떻게 해야 하는지 뭐 하나 일치하는 게 없어요. 각자 자기

들 나름의 소우주에 갇혀 있는 것 같아요. 사장님은 이런 얘기가 전혀 없었는데 말입니다."

"그래도 최소한 그 사람들은 여기가 어떤 곳인지 이해하려는 노력이라도 하잖아요. 1층 사람들은 그딴 거 관심도 없어요."

"그렇지만 어떻게 그렇게들 다르냐고요? 내가 본 5층과도 너무 달라요."

"글쎄요. 잘은 몰라도 최고 경영진과 소통이 없으면 온갖 억측이 나돌기 마련이잖아요. 그리고 그런 억측을 진짜라고 믿고, 회사생활도 그것에 맞추는 거죠."

카일은 쌓아놓은 파일을 안아 올려 서랍에 넣었다.

"그럼 저한테 3층으로 옮겨보란 소리는 안 하겠네요?"

"네, 일단은. 그렇지만 3층은 확실히 하는 일은 많아요. 그들이 회사를 어떻게 보느냐와 상관없이 자기들 말처럼 최소한 성실한 직원들인 건 맞는 것 같아요. 헌신이니, 충성이니, 배려니, 그런 얘길 많이 했어요. 일하기엔 꽤 괜찮은 곳입니다. 1층보다야 낫죠. 사람들도 대체로 행복해 보여요. 한 가지만 빼면요."

"그게 뭔데요?"

"해고돼도 끊임없이 다시 고용된다고 기대하는 사람들이 있는데, 그렇게 좋아라 하는 것 같진 않아요. 끝없이 재고용된다는 거 어찌 보면 처절하지 않아요?"

"그렇긴 하죠. 다음엔 세무회계에 배치될지도 모르니까."

8

이 회사의 진실은
어디에 있습니까?

로건은 사장의 책상으로 다시 한 번 걸음을 옮겼다. 무엇을 보고해야 할지 여전히 막막했다.

"3층의 근본적인 문제를 어떻게 정리해야 할지 잘 모르겠습니다만, 두서없게라도 말씀을 드리고 싶어 왔습니다. 언제든 올라와서 얘기해도 좋다고 하셔서요."

"괜찮고말고요."

사장이 시원하게 대답했다.

"지금 시간이 괜찮으신가요? 불쑥 찾아왔는데……."

로건은 사장이 자리를 비우는 때가 있기나 한 건지 새삼 궁금했다.

"난 언제든 좋아요."

"다행이네요."

로건은 서류가방에서 PDA를 꺼냈다.

"3층은 1, 2층과 확실히 다릅니다."

"어떻게 다르던가요?"

"3층은 회사를 더 많이 생각하고, 어떻게 하면 회사에 좋은 일을 많이 할 수 있을지 노력합니다."

"네, 맞아요."

"그리고 전반적으로 효율적으로 운영하는 듯 보입니다. 같은 목표를 바라본다면 더욱 효율적일 테지만, 적어도 각 부서 내에서만큼은 상당히 생산적입니다."

"그렇군요."

"그래서 여쭙고 싶은데, 유니버설 시스템의 진실은 어디에 있습니까? 회사가 어떻게 이뤄져 있으며, 누가 경영하며, 비전과 목표가 무엇인지, 각 부서의 얘기가 다릅니다. 5개 주부서장과 얘기한 것뿐인데 그것만으로도 혼란스럽습니다. 13개 사업단위를 전부 만나면 어떨지 솔직히 암담합니다."

사장은 고개를 끄덕였다.

"3층은 개성 있는 의견들이 분분하지요."

"게다가 진심으로 믿고 있습니다."

"맞아요. 투철하죠."

"한 부서장에게 16년 전에 우연히 만난 컨설턴트라는 사람에 대해 들었는데, 그 사람이 CEO의 지시를 3층에 전해주었다고 했습니다. 또 다른 부서장은 자본주의의 에너지가 5층에서 흘러나온다는 얘길 했고요."

사장은 쿡 하고 웃었다.

"내가 그런 말을 한 적이 있었는지 모르겠군요."

"그렇담 진실은 뭔가요?"

"주주님이 실제 소유주이자 회장입니다. 나도 진짜가 맞을 거예요."

그는 팔짱을 끼고 자신의 어깨를 톡톡 두드렸다.

"네. 진짜 맞아요. 내가 CEO예요."

"그렇지만 아래 1, 2, 3층이 사장님께 어떤 지시를 받는 것 같진 않습니다."

"받으려는 마음이 있다면 그 마음만큼 받을 수 있어요. 이것 또한 주주님이 원하는 방식이죠."

"그럼 컨설턴트는 있었나요?"

"그런 사람이 있긴 있었지만, 주주님이나 나나 그 사람을 고용한 적도, 같이 일한 적도 없어요. 그건 3층에서 그랬었죠."

"혹시 주주님이 예전에 컴퓨터 프로그래머이셨나요?"

사장은 큰 소리로 웃음을 터트렸다.

"설마요. 하려고 했다면 할 수노 있었겠지만요. 아주 영민한 분이시니. 그런데 아니에요. 컴퓨터 프로그래머 아니셨습니다."

"그렇다면 정말 이해가 안 됩니다. 왜 3층 사람들은 너나할 것 없이 회사에 대해 이렇게 근거도 없는 얘기를 믿고 있는 걸까요?"

"어느 조직에서나 소문은 나돕니다. 때로는 사실보다 더 사실처럼 들리기도 하죠. 3층에서처럼요."

"3층의 실적은 어떻습니까?"

사장은 고개를 가로저었다.

"1, 2층과 마찬가지로, 유감스럽게도 없습니다. 1, 2층만큼 심하지는 않아도, 수익은 전혀 못 내고 있죠."

"얼마가 됐든 수익은 낼 거라 생각했습니다. 마치 그런 듯이 말을 하길래요."

"3층의 회계방식이 독특하거든요."

로건은 의자에 등을 붙였다.

"3층의 진짜 문제는 1, 2층과 결과적으로는 같은 것 같습니다. 위쪽의 얘기에는 눈과 귀를 막은 채 그저 각자 자기 일을 하고 있을 뿐인 데다, 실제로 회사에 기여하는 바도 없기 때문입니다."

사장은 몸을 앞으로 기울였다.

"감 잡으셨군요. 정답입니다."

"그런데 왜 사장님과 주주님은 3층 직원들의 오해를 바로 잡아주지 않나요? 그들 중 최소한 몇 명은 진실을 알고 싶어 합니다."

"그럴 기회는 있어요. 4층에 올라가면 알게 되겠지만. 이제 그럼 마지막으로 문제 진단을 내려 보시겠어요?"

미션 IV 로건, 4층으로 가다!

9

우리 회사는 우리가 어떤 실수를 해도
책임을 묻지 않습니다!

4층에서 엘리베이터가 멈췄다. 문이 열리자 거대한 체구의 한 남자가 만면에 웃음을 가득 머금고 서 있었다. 로건과 악수를 나누는 그의 손은 체구만큼 힘이 넘쳤다.

"당신이 로건이군요. 환영합니다. 4층에 잘 오셨어요. 잭 월커슨이라고 합니다."

4층 총괄책임자 잭 월커슨 국장은 부하직원들 사이에서 교주처럼 떠받들어지고 있었다. 비즈니스 감각이 탁월하다는 평판이 높았고, 혁신가로도 알려진 인물이었다. 또한 유연한 성격은 탁월했다. 만나자마자 사람을 편안하게 해주는 그의 재주에 로건은 감탄했다.

"드디어 4층에 도착하셨군요. 평가를 받게 된다니 설레고 긴장됩니다. 1층에서부터 3층까지 올라오는 동안 보고 느끼신 게 많았을 줄로 압니다."

두 사람은 어느새 긴 복도를 걷고 있었다. 로건은 이제부터 4층 순회를 시작하나 보다고 짐작했다.

"네, 그랬다고 생각합니다. 제 소견이 사장님께 가치가 있어야 할 텐데요."

잭이 흐뭇한 미소를 지었다.

"오, 그건 염려 붙들어 매세요. 사장님은 어떤 의견을 듣든 황금으로 바꿀 줄 아시니까요. 그게 사장님 특기입니다."

잭과 로건은 오른쪽으로 꺾이는 복도로 접어들었다.

"이렇게 얘기를 나눠가며 4층의 몇 곳을 소개해 드리지요. 제가 직접 안내해 드린 다음 앉을 자리를 마련해 드리겠습니다."

"알겠습니다."

개개인의 사무공간마다 L자형 체리색 책상, 같은 스타일의 책장, 그리고 가로가 길고 높이가 낮은 파일보관용 캐비닛이 갖춰져 있었다. 확실히 이 층의 직원들은 아래층보다 프라이버시 걱정을 할 필요 없을 정도의 여유로운 공간을 누리고 있었다.

"이 층은 모든 게 고급이랍니다. 가구뿐 아니라 컴퓨터, 소프트웨어, 회의실 방송장비와 부속기기, 모두 최신 모델이지요."

"그건 무슨 이유 때문인가요?"

"음, 우선은 4층을 직원들이 일하러 오고 싶어지는 매력적인 근무환경으로 만들고 싶었습니다. 그렇게 함으로써 자연스럽게 사장님과 주주님 두 분의 뜻을 더 잘 헤아리고 싶어서입니다."

로건은 걸음을 멈추었다.

"주주님이요? 그분을 아십니까?"

잭이 허허 웃었다.

"그럼요. 그분을 제대로 모르고서야 우리가 어떻게 회사에 대한 그분의 비전을 실행할 수 있겠습니까? 사장님도 마찬가지구요. 그 두 분이 우리가 여기서 하는 일을 이끌어주시지요."

두 사람은 다시 걸음을 뗐다. 잭은 오른쪽에 위치한 사방이 막힌 널찍한 방을 가리켰다.

"다른 층에선 못 보셨을 겁니다."

"여기는 어디입니까?"

"우리 카페랍니다. 어엿한 커피숍이죠."

열댓 명의 직원들이 여기저기 앉아 커피를 홀짝이거나 패스트리를 먹으면서 얘기를 나누기도, 책을 읽기도 했다. 스타벅스 로고만 없을 뿐이지 시중의 커피전문점을 빼쳤다. 이것이야말로 호사스런 특전이었다.

"음료, 스낵을 비롯해 바리스타까지 회사에서 제공합니다. 직원들에게 많이 이용하라고 하고 있죠. 독서, 사색, 한담에 더없이 좋은 장소거든요. 여기 말고 세 곳이 더 있습니다."

왔던 길을 되짚어 가니 왼쪽으로 회의실이 나왔다. 십여 명이 테이블에 빙 둘러앉아 있었고, 각자의 앞에는 공책 같은 것이 펼쳐져 있다.

"특별한 때가 아니라 수시로 회의실을 사용합니다. 우리는 직원들에게 모여서 사업 프로젝트도 의논하고, 자기계발 모임도 가지라고 적극 권장합니다."

"무슨 책인지 아주 열심히들 보시네요."

"교본복습 시간입니다. 사장님의 맨 처음 직속 부하직원들이 쓴 교본으로, 우리가 하는 모든 일에 지침으로 삼고 있지요. 세세한 부분은 아니고, 큰 맥을 잡는 데 말예요. 비전을 설정하고, 사장님과 주주님의 뜻을 되새기는 계기로 삼기도 합니다. 직원들에게 교본에 담긴 의미를 이해하고 새기는 데 시간을 아끼지 말라고 하지요. 우리 4층 구성원들 모두는 윗분들의 비전과 뜻을 믿고 따르고자 최선을 다하고 있다는 사실에 긍지를 가지고 있습니다."

그 다음으로 발걸음이 닿은 곳은 흡사 오페라극장의 입구 같았다. 잭이 양쪽 문을 당겨서 열자, 최신식 오페라극장이 위용을 드러냈다. 수천 명은 족히 수용 가능한 규모였다.

"와아!"

로건은 탄성을 지르며 안으로 들어섰다.

"여기 대단하네요!"

잭은 얼굴 가득 웃음을 지으며 말했다.

"우리의 자랑거리입니다. 매주 여기서 이런저런 행사를 합니다. 직원교육도 하고, 컨설턴트를 초빙해 강연도 듣고, 부서별로 업무보고도 하고, 전진대회도 열고요."

"전진대회요?"

"명칭 때문에 영업실적 증진대회 같은 것을 떠올릴 수도 있지만, 구호만 외치는 대회가 아닙니다. 우리의 공동 비전과 그 비전의 실행 방법을 모든 사람이 다시 한 번 마음에 새기자는 취지일 뿐이에요. 밴드 공연도 있고, 보고 즐길 거리도 있지요."

"밴드요? 제대로 하시네요?"

"말씀드렸잖습니까. 우리는 하면 최고수준으로 한다고요. 직원들에게 자신 한 사람 한 사람이 사장님과 주주님에게 얼마나 중요한 존재인지 알게 해주고 싶습니다."

로건은 무대 쪽으로 향하며 극장 구석구석을 둘러보았다.

"한 달에 한 번씩 영화도 보여주죠."

"영화요? 정말입니까?"

"정말이죠. 기분전환과 동기부여에 그만한 게 없지요. 특별한 메시지를 담은 영화를 엄선합니다. 영화를 본 후엔 모두가 팀별로 나뉘어서 영화가 자신과 자신의 팀에 어떤 의미를 담고 있는지 토론을 벌이죠. 다들 너무 좋아해요."

로건은 발코니석에서 위쪽을 올려다보았다.

"4층 직원이 모두 앉고도 좌석이 많이 남겠네요."

"사람 수가 늘어날 때를 대비해야죠."

잭이 흐뭇한 미소를 띠며 말했다.

"이렇게나 많이요?"

"언젠가 이 회사의 대부분 사람들이 4층 식구가 될 겁니다. 그때가 되면 사무실도 지금 한 층 갖고는 부족할 테니 한두 층을 더 늘려야겠지요. 공간이야 어찌 되었든, 1층 2층 3층 사람들 대부분이 결국엔 우리 쪽에 합류할 겁니다. 그런 날이 와도 이 공간은 부족하지 않을 거에요."

극장을 나와서 잭은 로건을 인사부 직원 벤 로빈슨에게 안내했다. 벤은 미소로 인사를 대신했다.

"앉을 자리를 마련해 드리고, IT부서에 얘기해서 컴퓨터도 연결해놓을게요."

벤이 말했다.

"제 옆자리가 비어 있으니까, 괜찮으면 여기 앉으셔도 되고, 아니면 다른 데……."

"아뇨, 여기 좋습니다."

"그럼 어디서부터 시작하실래요?"

"먼저 평사원들부터 만나보고 싶네요. 줄곧 관리자들만 만나서 좀 색다른 시각의 이야기를 들어봐도 좋지 않을까 합니다."

"그런 자리는 마련하기 어렵지 않습니다. 오늘 오후에 교본복습 모임에 들어가볼 수 있게 해드리겠습니다. 국장님께 어떤 모임인지 들으셨나요?"

"대충은요."

"4층에서는 전원이 1주일에 한 번씩 그룹별로 모여서 교본 스터디를 하죠. 주주님과 사장님이 추구하는 목표에서 초점을 잃지 않는 좋은 방법입니다. 그분들처럼 우리 자신과 우리가 하는 일을 객관적으로 바라볼 수 있는 방법이기도 하죠. 재미있을 겁니다."

• • •

그날 오후 로건은 열댓 명의 직원들과 함께 회의실 테이블에 자리를 잡고 앉았다. 모두들 앞에 교본을 펼쳐놓고 있었다. 거의 다 읽고 몇 장 남지 않은 것 같았다. 소프트웨어 엔지니어링 부서장인 커트가 스터디를 이끌었다.

"이 글이 우리의 업무에 대해 전달하고 있는 얘기는 무엇일까요?"

로건은 타원형 테이블 주위를 빙 둘러보았지만 아무도 말할 기미가 보이지 않았다. 마침내 젊은 여직원 하나가 침묵을 깼다.

"제가 보기에 우선 이 처음 문장들은 사장님께서 우리가 실수를 해도 책임을 묻지 않는다는 것 같습니다."

"좋아요."

커트가 대답한다.

"실수를 했는데도 문책을 받지 않는다는 걸 알고 나니 어떤 생각이 듭니까?"

"최고죠."

머리를 박박 민 30대 가량의 남자가 씩씩하게 대답했다.

"회사를 위해 아무런 구애 없이 자유롭게 새로운 시도와 혁신을 할 수 있고, 설령 리스크가 있는 일이라도 대담하게 추진할 수 있습니다. 일이 잘못되면 잘못되는 거죠. 누구도 뭐라고 욕하지 않으니까요."

테이블에 앉은 모두가 일제히 고개를 끄덕였다. 로건은 직원들의 호응을 얻는 4층의 일면을 보고 있음을 느꼈다.

커트가 다시 물었다.

"다른 분들은 어떻게 읽으셨습니까?"

"다른 층과 달리 우리는 엄격한 통제를 받지 않는다는 말이라고 생각합니다."

방금 전의 남자가 다시 대답했다.

"물론 우리 모두 잘 알고 있듯, 해야 할 것, 하지 말아야 할 것 등 제약이 있긴 하지만, 이것을 거스르지 않는 한도 내에선 마음대로 할 수 있습니다."

"여긴 2층과 달라요."

중년의 여자가 거들고 나섰다.

"저는 2년 반 동안 2층에 있었어요. 모두들 규칙을 지키고, 도덕에 어긋나지 않으려고 최선을 다합니다. 그게 목표의 전부인 것처럼요. 그런데 잘못됐어요. 여기의 우리처럼 주주님이 제시하는 비전에 충실해야 합니다."

"바로 그 말씀이 지금 보고 있는 페이지의 중간 부분에 나옵니다."

커트가 말했다.

"누가 이 부분을 요약해보시겠습니까?"

점잖은 풍모에 나이가 지긋한 남자가 윗몸을 앞으로 당겼다. 좌중의 몸이 그쪽으로 살짝 쏠렸다.

"4층으로 올라온 그날 우리가 새로 태어났다는 말입니다. 우리는 더 이상 그 전에 다른 층에서 일했던 것처럼 일할 필요가 없습니다. 사장님께서 우리가 이곳에 온 당위성을 실현할 수 있는 능력을 주시기 때문입니다."

커트는 좌중을 둘러보았다.

"맞습니다. 우리는 예전의 우리가 아닙니다. 새로 태어났습니다. 왜 그럴까요?"

"사장님께서 우리를 위해 희생하셨기 때문입니다. 4층에 올라오면 점점 사장님을 닮아갑니다."

젊은 남자가 대답했다.

"그 다음에는 어떻게 되는 건가요?"

커트가 반문했다.

또 다른 젊은 여자가 기다렸다는 듯 끼어들었다.

"사장님에게 감사하는 마음이 끝없이 샘솟게 되고, 보답하고 싶은 마음에 저절로 일에 매진하게 됩니다."

여기저기서 고개를 끄덕였다.

아까의 노신사가 다시 테이블 앞으로 몸을 내밀었다. 로건은 그의 눈에 눈물이 맺혀 있는 것을 보았다.

"제게 있어서 사장님은 이제 둘도 없는 친구입니다. 날 위해 자신을 희생하신 분입니다. 이제 사장님을 위해 몸 바칠 차례가 되었다는 것이 영광스럽습니다."

· · ·

"그런데 다들 사장님이 희생을 하셨다는데 그게 무슨 얘기가요?"

로건은 벤의 책상 너머 의자에 앉았다.

벤은 반가운 질문이라도 받은 것처럼 눈을 반짝였다.

"아주 오래전 우리 회사가 정부 수주 비리로 기소된 적이 있습니다. 우리가 수주액을 뻥튀기했다는 의혹이 제기되었던 거죠. 물론 사실무근이었죠. 1층에서 일했던 예전 직원들 중에 앙심을 품은 일부가 꾸민 모함이었습니다. 하지만 워낙 치밀하게 계획돼서 꼼짝없이 회사가 넘어갈 판이었죠."

그는 서랍을 열어 서류철을 뒤적이더니 한참 만에 파일 하나를 뽑았다.

"그렇게 되자 사장님은 회사를 살리기 위해 모든 비난과 책임을 혼자 떠맡으셨습니다. 모든 죄를 혼자 뒤집어쓰시고, 그래서 다른 사람들은 모두 방면될 수 있도록 하셨어요. 회사는 가벼운 징계를 받는 데 그쳤지만, 사장님은 구형되셨죠. 온갖 언론에 오르내리며 말로 못할 몰매를 맞으셨습니다."

그는 로건에게 신문기사 복사본을 하나 내밀었다. 기사에는 'CEO, 정부수주 허위부당청구 유죄판결'이라는 표제가 붙어 있었다.

로건은 기사내용을 대충 훑어보았다.

"그렇지만 복권되신 거잖아요?"

"그 몇 년 후 모함을 했던 사람 중 한 명이 자백을 했죠. 음모의 전말이 만천하에 드러나자, 검찰에서 사장님을 석방했어요. 다들 그때를 되돌아보며 우리 회사의 최대 고비였다고 합니다. 그런 절체절명의 순간에 사장님은 우리 모두를 구하기 위해 자신을 희생하셨다고요. 그 일이 있기 전까지도 1, 2, 3층이 회사를 독점하다시피 했었는데, 그때부터 4층은 발군하기 시작했고, 사장님을 따르는 직원들이 꽤 많아졌습니다. 그 후 줄곧 4층이 사실상 회사를 주도해왔습니다."

* * *

그날 오후 로건은 카일에게 4층에서 같이 점심을 먹자는 이메일을 보냈다. 두 사람은 바로 다음 날 만났다.

"아주 좋아 보입니다."

샌드위치가 나오길 기다리며 카일이 한 마디 던졌다.

"이 층의 문제를 그새 간파한 겁니까?"

"여기는 문제 같은 거 없어 보여요."

"그럼 뭐가 있던가요? 기업이 추구할 궁극의 이상향이라도 있던가요?"

"이상향은 아니고, 그저 자신의 최선을 다하는 직원들이요. 최선을 다하겠다는 열정에 들끓고, 자신의 일을 즐기는 직원들이요. 이런 덴 처음 봐요. 여기 1, 2, 3층에서도 못 봤고요. 층 전체가 한마음으로 그리는 것도 처음 봅니다."

카일은 샌드위치와 과일 접시를 집어, 로건과 함께 작은 테이블에 자리 잡았다.

"뭐가 그렇게 특별한데요?"

"한두 가지가 아닙니다."

로건은 햄치즈 샌드위치를 한 입 베어 물었다.

"가장 큰 걸 하나 꼽자면 사장과 주주가 만드는 분위기일 겁니다."

"주주가 누군데요?"

"회사 소유주요."

"정말이요? 이 층 사람들은 회사 소유주를 알고 있다고요?"

"네."

"그분과 얘기도 하고요?"

"그건 아닌데, 사장님의 직속 상사이신 분이 써놓은 지침을 열심히 연구해요. 주주의 비전이 녹아 있으니, 그분에게 얘기를 듣는 거나 마찬가지겠죠. 또 하나 좋은 점은 근무환경입니다. 책상이며, 컴퓨터, 소프트웨어, 뭐든 최고로 갖춰져 있어요. 급여와 복지혜택도 정말 좋구요. 그것도 그거지만, 무엇보다 직원들이 필요로 하는 거면 무엇이든 다 들어준다는 주주의 약속을 받고 있다는 겁니다. 게다가 모두 종신직 보장이에요."

샌드위치를 입으로 가져가던 카일의 손이 그대로 얼어붙었다.

"종신직이요? 설마요?"

"진짜요. 온갖 달콤한 특전까지 누려가며, 잘릴 걱정 없이 평생을 다니는 겁니다. 바리스타가 만들어주는 커피를 공짜로 마시는 커피숍에, 최고의 컨설턴트로 짜여진 교육프로그램에, '성공 피정'이라는 휴가까지 보내줍니다. 정말이지 여기서 일하는 게 만족스럽지 않을 리 있겠습니까. 당연히 조직에 대한 충성도도 높고, 목적의식도 투철할 수밖에요. 자기 팀에 대한 애착도 대단하구요."

카일은 입 안에서 오물거리던 샌드위치를 삼키고 콜라를 한 모금 마셨다.

"너무 달콤한 얘기라 믿겨지지가 않네요."

"진짜라니깐요."

로건은 잠시 뜸을 들였다가 물었다.

"카일, 계속 묻고 싶었던 게 있는데, 1층에서 뭐 하러 뭉기적대고 있습니까?"

"무슨 소리예요?"

"무슨 소리냐니요, 거기 있는 건 시간 낭비라고요."

카일은 다시 한 입 먹고 나서 대답했다.

"알아요. 그렇지만 사람들 때문에요. 같이 지내는 게 너무 좋아요."

"좋은 사람은 어느 층에나 있어요."

"더 솔직히 말하면, 가고 싶은 층이 없어요. 2층은 규칙 때문에 답답해 미쳐버릴 것 같고, 5층도 보나마나 똑같겠죠. 최고 경영 집단이니 오죽하겠어요. 3층도 좀 이상하다고 본인 입으로 얘기했잖아요."

"4층으로 오세요. 정말입니다. 맘에 들 거예요."

카일은 의자 뒤로 기댄다.

"흐음…… 그래 볼까요? 잠깐 동안만요. 그렇게 손을 써 줄 수 있어요?"

"가능할 겁니다. 4층 사업국장에게 얘기할게요. 틀림없이 임시이동 형식으로 가능하게 해줄 겁니다. 여기 오면 내 일을 돕는 걸로 하고, 1층 업무는 그 동안만 누구한테 좀 봐달라고 하면 돼요."

이틀 뒤 카일은 4층으로 올라왔다. 그는 로건의 바로 옆 빈 책상에 자리를 잡았다.

"눌러 있을 작정으로 온 거 아니에요. 귀가 솔깃할 만큼 좋은 얘기를 많이 들었지만, 나도 사장님의 열성신도가 되어 멸사봉공하게 될지는 솔직히 모르겠거든요."

로건은 피식 웃음을 터트렸다.

"누가 그러랍니까? 밑져야 본전 아닙니까, 구경 온 셈 쳐요. 그뿐입니다."

10
주주님의 목표에 대한 여러분의 충성을 다시 맹세하세요!

그로부터 3일 뒤, 로건과 카일은 교본 스터디 때 만난 앤지와 나란히 4층 대극장에 앉아 있었다. 4층 직원이 모두 참석한 것은 아니어서 좌석이 절반 넘게 비었지만, 이미 흥겨운 열기로 가득했다. 무대에서는 국장이 초대한 밴드가 공연을 하며, 신나는 노래로 분위기를 띄우는 중이었다. 무대 뒤편에 설치된 대형 스크린에서 뮤직비디오가 흐르고, 그 위로 노래가사가 한 소절씩 나타났다가 사라졌다. 객석은 박자에 맞춰 박수를 치며 호응을 보냈다.

앤지가 로건 쪽으로 몸을 기울여 큰소리로 말했다.

"정말 근사하지 않아요?"

"네. 좋습니다. 회사에서 콘서트를 보게 될 줄은 몰랐습니다."

그들은 새로운 곡이 나올 때마다 따라 부르며 박수를 쳤다. 밴드가 네 곡을 부르고 나자 잭 윌커슨 국장이 무대 위로 올라왔다.

"어때요, 이 열기가 느껴지십니까?"

"예에!"

객석은 환호성을 질렀다.

"느껴지십니까?"

"예에에!"

"좋습니다."

그는 밴드에게 가볍게 목례를 했다.

"유니버설 시스템 프라핏 메이커스에게 다시 한 번 큰 박수 부탁드립니다!"

환호와 함께 박수갈채가 울려 퍼졌다.

"매번 우리가 이렇게 모일 때마다 큰 수고를 해주고 계십니다. 자, 오늘 우리는 할 일이 있죠? 드디어 3사분기 실적이 나왔습니다. 그래서 여러분에게 우리 사업국의 수익이 지난해 같은 기간에 비해 26퍼센트 증가했다는 사실을 알려드리는 바입니다!"

기쁨의 함성이 장내를 쩌렁쩌렁 울렸다.

"여러분 모두 정말 수고 많으셨습니다. 주주님을 위해 여러분이 일궈낸 자랑스러운 성과입니다."

객석은 다시 환호성으로 가득 찼다.

"다음으로 발표할 소식은 우리가 금년도 첫 3분기 동안 거둔 수익의 결과로 우리 사업국에서 크리스마스 연휴기간에 1주일 일정의 선박여행을 보내드린다는 것입니다!"

천장을 뚫을 듯한 우레 같은 함성이 터져 나와 한동안 극장 안에서 메아리쳤다. 밴드가 다시 연주를 시작했고, 객석 전체가 들썩이며 5분 동안 박수치며 노래했다. 국장이 다시 발표를 계속하려는 듯 두 손을 들어올린다. 회장 안이 완전히 잠잠해지기를 기다렸다가 마침내 입을 열었다.

"그런데 선박여행이 단지 놀기만 하는 여행은 아닙니다."

짐짓 과장된 한숨소리가 객석에서 일었다.

"놀자고 가는 게 가장 중요한 취지입니다만……"

다시 박수가 쏟아졌다.

"관광을 즐기는 막간을 이용해 동기부여 강연으로 명성이 자자한 연사 세 분을 모시고, '자아성취의 원대한 꿈을 꾸어

라, 그리고 달성하라'는 주제로 1주일간 강연이 진행됩니다. 이게 다가 아닙니다. 여러분이 바라마지않을 이벤트가 있습니다. 중간 기착지 중 한 곳에 서비스 프로젝트가 1시간 준비돼 있습니다."

다시 박수가 터져 나왔다.

"이 자리에 마치 주주님이 와 계신 것 같지요?"

"예에에!"

"좋습니다. 이따가 특별한 손님 한 분을 이 자리에 모시기로 했습니다. 그 전에 묻고 싶습니다. 오늘 1, 2, 3층에서 몇 분이 우리를 방문해주셨죠? 한번 일어나 보시겠습니까?"

50여 명이 박수를 받으며 자리에서 일어났다.

"여러분, 4층에 오신 것을 환영합니다. 오늘의 월례 행사를 통해 우리 4층을 움직이는 동력이 무엇인지, 그리고 우리가 주주님을 위해 일하는 것을 영광스러운 특권으로 여기는 이유가 무엇인지를 조금이나마 알게 되시길 바랍니다."

로건이 좌중을 둘러보니 주변에 앉아 있는 이들 모두가 적극적으로 고개를 끄덕이고 있었다. 앤지는 다시 로건 가까이 몸을 숙이고 소곤거렸다.

"국장님 말씀 너무 좋지 않아요? 국장님처럼 영감과 의욕을 주는 사람은 못 만나봤어요."

국장의 얘기가 다시 이어졌다.

"맨 먼저 여러분 동료 중 한 명으로부터 그 얘기를 직접 들어봤으면 합니다. 제프 밀슨. 제프, 이리로 올라오세요."

한 젊은 남자가 좌석 사이의 복도를 뛰어나가 무대 위로 올라가 국장 옆에 섰다.

"제프는 얼마 전에 1층에서 우리 층으로 자리를 이동했습니다. 얼마나 됐죠?"

"6개월 됐습니다."

"4층으로 올라오고 싶다고 생각한 계기가 무엇이었습니까?"

"1층에 있는 게 만족스럽지 않았습니다. 태반의 사람들이 자신이 원하는 것에만 몰두할 뿐, 회사의 목표를 위해선 아무런 노력도 하지 않았습니다. 그렇게 얼마 지나지 않아 공허하다는 생각이 들기 시작했습니다. 자기 좋을 대로만 한다는 것이 처음엔 기분 좋았거든요. 아니, 오해는 말아주세요."

여기저기서 웃음이 터져 나왔다.

"그렇지만 좋은 것도 잠시였습니다. 자신이 소속된 자리에서 일한다는 것, 그게 전부일 순 없었습니다. 주주님을 위해 일하지 않는다면, 그분이 바라는 일을 하지 않는다면 아무런 의미가 없다는 사실을 깨달았습니다."

"훌륭합니다. 제프, 그럼 이제 슬슬 이곳에서 같이 일하는 사람들과 한가족이라는 기분이 드나요?"

"물론입니다. 우리 팀, 그리고 교본 스터디 그룹에서 우리는 서로 마음이 통합니다. 우리가 서로에게 느끼는 동료애와 유대감은 놀라울 정도로 끈끈합니다."

"우리도 제프가 4층으로 와서 정말 좋습니다. 여러분, 제프에게 환영의 박수 보내주시죠."

제프는 열렬한 박수를 받으며 무대에서 내려왔다.

"여러분, 4층에 있다는 사실이 어떤 차이를 만드는지 보이십니까? 우리 모두가 이미 경험했듯이, 우리가 모두 알고 있듯이, 다른 누군가의 경험담을 들어보지 않으면 우리가 가진 것이 당연하게 여겨집니다. 자, 이제 여러분에게 잠시 진지한 얘기를 할까 합니다."

좌중이 일시에 조용해졌다.

"오늘 이 자리에 1층, 2층, 3층의 사람들이 더 많이 오도록 해야 합니다. 자신의 두 눈으로 직접 보지 않고서 우리가 알고 있는 것을 그들이 알아줄까요?"

두어 명의 대답소리가 들렸다.

"아니요."

"어때요? 그들이 알아줄까요?"

대답소리가 한층 높아졌다.

"아니요!"

"우리가 그들을 이 자리에 불러오지 않는다면, 우리가 경험하는 것을 그들이 경험할 수 있을까요?"

"아니요!"

"네, 그렇습니다. 그래서 제안합니다. 오늘 이 자리에는 아래층에서 올라오신 50여 분이 계십니다. 다음 달에는 이 숫자를 200으로 늘리자고 제안합니다."

로건과 앤지는 휘둥그레진 눈으로 마주 보았다. 로건이 앤지 옆의 카일을 바라보니, 카일은 소리는 내지 않고 입만 달싹였다.

"200?"

"여러분 각자가 1에서 3층까지 아는 사람들에게 전화하거나 이메일을 보내서 다음 달 단합대회에 나오라고 하세요. 새로운 얼굴을 최소한 200명은 보고 싶습니다. 여러분은 할 수 있습니다!"

객석에서는 다시 박수와 함께 산발적인 환호가 일었다.

"감사합니다. 여러분을 찾아온 특별한 손님이 있다고 했죠? 아주 특별한 귀빈을 소개하려고 합니다. 인기 텔레비전 프로그램 〈더 와일드 사이드〉에 나오는 '베니'로 더 많이 알고 있을 거예요. 더 거슬러 올라가, 컨트리부문 그래미상을 수상한 곡으로 이 분을 알게 된 사람도 있을 겁니다. 자, 우리 4층답게 어린아이처럼 순수하게, 열렬히 맞아줍시다! 패트릭 윈스테드입니다!"

우렁찬 환호성이 극장을 가득 메우는 동안 소개를 받은 가수가 무대로 올라가 국장 옆에 나란히 섰다. 기립박수가 잠잠해지기를 기다렸다가 국장은 모두에게 착석해달라는 손짓을 했다.

"우리 4층은 환영인사도 대단합니다!"

윈스테드에 대한 질의응답 시간이 10여 분 이어졌다. 그는 주주의 인생철학이 자신을 어떻게 알코올중독과 결혼위기, 거듭되는 투자실패로부터 구원해주었는지 이야기했다.

"이제 비로소 생활에 안정을 찾았습니다. 아내와의 사이도 더할 나위 없이 좋고, 아이들은 진짜 아빠를 되찾았다며 행복해합니다. 또 제 회계사가 세워준 노후연금설계는 순조

롭다 못해 대박을 터트리고 있습니다."

그는 기타를 둘러메고 높은 의자에 걸터앉았다.

"지금 들려드릴 이 곡은 인생의 고비를 겨우 넘기고 난 뒤 주주님에게 바치려고 만든 곡입니다."

감미로운 곡조의 노래가 끝나자 극장이 떠나갈 듯 박수가 터졌다. 국장이 다시 무대 중앙으로 돌아왔다.

"여러분, 패트릭 윈스테드였습니다!"

박수를 받으며 가수는 무대를 내려갔다.

"정말 감사합니다, 패트릭. 자, 이제 4사분기를 맞아 우리의 결의를 다시 다지는 의식으로 오늘 프로그램을 마무리할까 합니다."

무대 뒤로 의자와 커다란 화분들이 차례로 놓여졌다.

"분기마다 우리는 여러분 모두가 4층의 구성원으로서 어떤 활약을 펼쳐왔는지 스스로 평가하는 시간을 드리고 있습니다. 여러분 각자가 주주님과 일대일로 마주하는 시간입니다. 주주님이 '나'에게 기대하는 바에 100퍼센트 답하고 있습니까? '나'에게 주어진 본래의 소임을 다해 회사의 목표에 기여하고 있습니까? 나 자신과 나의 동료들, 그리고 주주님 앞에서 주주님을 위해 혼신을 바치겠다는 다짐을 다시 한 번 확인하겠습니까?"

그는 뒤로 돌아 무대 준비가 다 끝났음을 확인했다.

"자, 그럼 시작해볼까요? 이제 여러분의 시간입니다. 혹시 해이해졌을지도 모를 결심을 다시 한 번 공고히 해야겠다고 생각한다면, 설령 확신이 잘 서지 않는다고 해도, 주저 말고 여기 무대 중앙으로 나와주십시오."

몇 명이 자리에서 일어나 우르르 복도로 움직이기 시작했다.

"어서 오십시오. 이미 많은 분들이 이 자리를 거쳐갔습니다. 누구나 일을 하다 보면 각오와 결심이 흐트러지는 순간이 찾아오기 마련입니다. 다들 잘 알 겁니다. 하지만 지금 새 출발 하는 겁니다! 다시 더 열심히, 현명하게 전력 질주하면 됩니다. 어서 이 무대로 올라와 주주님의 목표에 대한 여러분의 충성을 다시 맹세하세요."

로건은 소매를 건드리는 기척에 옆을 돌아보았다. 앤지가 지나가게 무릎을 옆으로 비켜달라고 손짓하고 있었다. 고개를 돌려 좌우 앞뒤를 보니 십여 명이 무대 쪽으로 걸어 나가고 있었다. 그중에는 교본 스터디 조장이었던 커트의 모습도 보였다.

무대로 올라간 사람들은 뒤쪽 의자에 차례로 앉았다. 국장의 호명에 한 명씩 마이크 앞에 섰고, 국장은 그 직원의 용기를 칭찬하고 감사인사를 했다. 각자 느슨해진 자신의 모습을 반성한 후 국장의 선창을 따라서 충성맹세를 했다.

앤지는 자기 차례를 끝내고, 국장과 악수를 나눈 다음 자리로 돌아왔다. 로건은 그녀 쪽으로 몸을 기울였다.

"용감하시네요."

시선을 들어 로건을 바라보는 그녀의 눈이 촉촉이 젖어 있었다.

"때가 됐을 뿐이에요."

극장을 나오는 입구에서 '1, 2, 3에서 4로! 200명이 되는 그날을 향해!'라는 구호가 적힌 티셔츠를 한 장씩 나눠주었다. 카일은 받아 들자마자 버버리 드레스셔츠 위에 덧입었다.

"감촉이 고급스러운데요."

"그래 소감이 어때요?"

자기 자리로 가지 않고 뒤따라오는 카일에게 로건이 물었다.

"저한테는 좀 닭살스러웠어요. 재결의 의식이라는 것도

좀……."

"좀, 뭐?"

"부담스러웠어요. 하지 않으면 안 될 것 같은 분위기로 몰아가는 듯한…… 어디까지나 제 느낌이지만요."

"직원들이 목표에 대한 각오를 새롭게 다지면 좋잖아요. 결국 그런 자리였고."

"그렇긴 하지만 앞에 나간 사람들 중에는 이미 그 전 3분기 연속으로 그런 맹세를 하는 사람도 있었잖아요. 결의의 문제가 아닌 거 아닐까요?"

카일은 자리로 돌아가는 다른 직원들에게 눈길을 던졌다.

"다른 문제가 아닐까요? 윗분들은 어떻게 주주를 개인적으로 안다고 말하던가요? 아니, 실제로 누가 주주를 만났다고 하긴 해요?"

로건은 어깨를 으쓱했다.

"그거야 나도 모르죠."

사장님은 제가 바라는 걸
왜 안 들어주시는 거죠?

그 다음 주, 로건과 카일은 컨설틴드 그룹이 1년에 한 번씩 내방해 하루 종일 실시하는 직원교육 세미나에 참석했다. '주주님의 계획에 동참하기'라는 주제로 전체교육이 오전과 오후 두 차례, 조별 워크숍이 네 차례 실시되었다. 전체교육에서는 슬라이드쇼를 방불케 하는 세련된 파워포인트 프레젠테이션이 시선을 사로잡았다.

로건은 벤을 따라서 A조 워크숍 일정을 선택했다.

- 주주님의 성공비법
- 내게 맞는 최적의 커리어 전략

- 사장님을 내 편으로 만드는 이메일 작성법
- 성취목표에 대한 비전 키우기

카일은 B조를 택했다.

- 사장님의 리더십 비법
- 사장님에게 배우는 목표성취 기술
- 건강하고 프로다운 자아이미지 계발하기
- 주주님이 나를 위해 준비하고 계신 모든 것을 얻어가는 법

점심시간에 그들은 대강의실 뒤편에 마련된 가설 도서 판매대를 기웃거렸다. 벤은 책 4권과 교육내용이 담긴 CD세트, 그리고 〈내 안의 챔피언을 끌어내라 – 성공으로 가는 고도의 자기단련〉이라는 제목의 DVD를 구입했다. 로건도 CD세트를 샀다. 카일은 보기만 했다.

"사고 싶은 거 없어요?"

벤이 계산을 하는 동안 로건은 카일에게 물었다.

"뭐 하게요?"

"괜찮은 책들인데 사서 나쁠 거 없잖아요."

"나쁠 게 없다니요? 지갑이 얇아지는데."

카일은 목소리를 낮췄다.

"벤의 책장 안 봤어요? 이런 책이 이미 가득하다구요. 돈으로 치면 족히 2천 달러어치는 될걸요."

오후 교육이 끝나고 세 사람은 카페로 가서 필기한 내용을 서로 비교했다. 로건이 먼저 소감을 밝혔다.

"저는 첫 번째 프레젠테이션이 아주 좋았어요. 영화 〈매트릭스〉에 나오는 가상세계 같은 슬라이드를 보고 현실은 그렇지 못할 때가 많다는 반성이 들더군요. 직원들이 사장님에게 보내는 전폭적인 신뢰가 담긴 감사의 말들도 듣기 좋았습니다. 직원 개개인이 전문분야에서 성공하길 바라는 마음으로 그 목표를 이루게끔 해준다는 말이요."

카일은 커다란 오렌지맛 스콘을 한 입 물고는 오물오물 씹었다.

"벤, 워크숍은 어땠어요? 건질 게 있던가요?"

"버릴 게 없었습니다. 성공비법에 관한 이야기에선 행동지침을 받아 적기 바빴어요. 또 자신의 잠재력을 크게 생각하라는 강연은 가슴에 꽉꽉 꽂히더군요. 정말 사고의 폭을 더욱 넓혀야겠습니다."

벤은 손을 뻗어 카일의 냅킨 중 하나를 집었다.

"카일은요?"

"재미있었어요. 영화 〈브레이브하트〉 속 장면 덕분에 지겹지가 않았어요."

카일은 로건 쪽을 넌지시 보았지만, 그는 눈동자만 이리저리 굴릴 뿐이었다.

벤이 다시 입을 열었다.

"전문적인 자기계발을 위해 밟아야 할 단계를 구체적으로 알려주었다면 좋았을 텐데 그게 좀 아쉬워요. 저기…… 두 분에게 솔직한 얘기를 좀 해도 될까요?"

"그럼요."

둘이 동시에 대답했다.

"저는 지금 당장 커리어에 과감한 변화를 가해야 할 것 같아요. 승진 한 번 못하고 4년째 제자리입니다. 승진 기회가 많을 거란 기대를 하고 4층으로 온 건데, 한 번도 없었지 뭡니까. 오늘 산 이 DVD에 그 답이 있을까 몰라요."

벤은 마시던 라떼를 내려놓았다.

"여기서 자기계발이다, 능력향상이다 하면서 여러 가지를 하지만, 솔직히 이젠 지쳤어요. 나한테는 안 맞아요. 좋다는 건 다 해봤죠. 그런데 늘 제자리걸음이니 원……. 오늘 강연자들이 말한 경지에는 절대 오르지 못할 겁니다."

카일은 두 손을 커피잔 옆에 내려놓고 벤을 바라보았다.

"다른 사람은 오를 것 같으세요?"

"겉보기엔 그런 것 같아요."

그들은 커피를 다 마시고 사무실 책상으로 돌아왔다. 카일은 자기 책상으로 가지 않고 로건 앞에 놓인 의자에 풀썩 주저앉았다.

"모든 층의 근본적인 문제를 알아내는 게 로건의 일 아니었어요?"

"그렇죠."

"그럼 여기는요? 알아냈어요?"

"모르겠네요. 처음 얼마 동안은 아무 문제도 없는 줄 알았고……."

"지금은 아니고요? 지금도 4층을 앞장서서 옹호하고 있는 것처럼 보이는데요?"

"분석 안 끝났어요."

"어쩐지 분석할 게 많단 소리처럼 들려요."

다시 한 주가 지난 월요일, 로건과 카일은 관리자, 전문직, 기술직, 행정사무보조직 등 4층의 다양한 직종에 걸쳐 인터뷰를 실시했다. 그러나 이틀도 지나지 않아 질려버렸다. 오히려 관심을 끈 것은 지나쳐버리기 쉬운 것들로서, 구호에 대한 유별난 애착이었다. 화면보호기, 명판, 컴퓨터 측면에 붙은 범퍼스티커 등에는 어김없이 선동적인 구호가 붙어 있었다. 화면보호기가 실행되면 사장의 사진과 그 위로 '후회 없이 일하라' 라는 글자가 떠다니는 것을 보고 로건과 카일은 어이가 없었다. 대체 무슨 생각으로 사장은 자기 사진을 화면보호기로 만들게 한 건지 묻고 싶었다.

4층 사람들은 또 갖가지 잡동사니를 주변에 널어놓거나 쌓아놓는 것을 꽤나 좋아했다. 일하면서 듣는 CD, 헤드폰, 동기부여 DVD, 회사 로고가 박힌 책상 장식품, 벽이 있다면 회사 홍보 포스터까지…… 어딜 가든 이런 것들에 둘러싸인다. 로건은 이 많은 게 어디서 나는 걸까, 신기할 정도였다.

또 한 가지 특징은, 모든 사람들이 열성적이라는 것이었다. 로건과 카일은 그들이 주주를 위해 얼마나 후회 없이 일하고 있는지, 희생을 아끼지 않고 있는지 귀에 딱지가 앉을 정도로 들었다. 그런데 그런 적극적인 피력에도 불구하고 로건의 눈에는 4층이 2, 3층 사람들과 달라 보이지 않았다. 전진대회라든가, 교본 스터디라든가 아래층과 하는 활동은 달랐지만 일하는 모습을 지켜보고 있으면 그 차이가 보이지 않았다.

4층은 그들이 일한 대가로 받는 것들을 황송하게 여겼다. 두둑한 급여와 공로의 인정, 여기에 물론 영구직 보장이라는 특혜까지 높이 평가했다.

또한 4층에는 행복하지 않다는 사람이 없었다. 일도, 사장님도, 주주님도, 모든 것에 대만족이라고 했다. 최고의 회사, 그 중에서도 최고의 사업국에서 일하게 된 것을 영광으로 여긴다고도 했다.

"여기 사람들은 행복하다는 것을 주장하네요."

로건은 카일에게 말했다.

"나도 그게 걸렸어요."

· · ·

 금요일 아침, 카일이 카페로 벤을 만나러 간 사이에 로건은 자판기 커피를 마시며 잠시 휴식을 취하기로 했다. 회의실을 지나는데 앤지가 심란한 표정으로 테이블에 앉아 있는 게 보였다. 그는 문 안으로 빠끔히 고개를 내밀었다.

 "괜찮아요?"

 앤지가 얼굴을 들었다. 눈가가 마스카라로 번져 있었다.

 로건은 안으로 들어가 테이블에 앉았다.

 "무슨 일이에요?"

 "방금 전화가 왔어요……."

 로건은 벽 쪽 협탁에 놓인 티슈를 뽑아 앤지에게 내밀었다. 그녀는 눈가를 닦았다.

 "고객사에서요. 우리랑 대형 계약을 맺기로 한 곳이었는데, 그 사업을 다른 곳에 넘겨버렸어요."

 그녀는 다시 눈물을 찍어냈다.

 "어쩔 수 없다는 건 알지만, 우리한테 오는 사업이라고 당연히 믿고 있었기 때문에……."

 로건은 한동안 말없이 지켜보았다.

"유감이네요."

앤지는 테이블에게 휴대폰을 집어 들어 핸드백에 넣었다.

"암튼 고마워요. 괜히 저 때문에. 신경 쓰지 마세요."

"뭘요, 전 괜찮습니다."

"왜 막판에 발을 뺐는지 이해가 안 돼요. 성사된 거나 다름없었는데. 사장님께서 왜 그냥 두신 건지 모르겠어요. 사장님께 이메일로 그쪽 책임자에게 바로 전화해서 계약서에 도장 찍자고 말해달라고 부탁드렸는데. 그러신 줄 알았는데, 안 하셨나 봐요. 믿었는데. 사장님이 확실히 매듭지어주실 거라고 믿었다구요. 이제 내가 지금까지 여기에 쏟은 노력은 모두 물거품이 됐어요. 전부 허사가 됐어요."

눈물이 다시 그녀의 볼을 타고 흘러내렸다. 로건은 티슈를 한 장 더 건넸다.

"제가 대신 대답해주면 좋겠지만……."

앤지의 울먹임은 그치지 않았다.

"사장님이 일하시는 방식을 저도 자세히는……."

그녀는 고개를 들었다.

"무슨 말인지는 알아요. 저는 안다고 생각했어요. 그런데……."

다시 눈가에 얼룩진 마스카라를 닦아냈다.

"제 생각과 다른 분인 것 같아요. 제가 바라는 걸 들어주시는 것 같지 않아요. 왜 안 들어주시는 거죠?"

· · ·

카페에서 벤은 카일과 마주 앉아 있었다.

"이번 주에 로건하고 같이 했던 인터뷰는 잘돼가고 있습니까?"

"그럭저럭요. 어느 정도 듣고 나니 같은 얘기만 나오네요. 약속이라도 한 것처럼 하시는 말씀이 거의 똑같아요. 마치……"

카일은 말끝을 흐렸다.

"마치?"

"마치 정해진 말만 하고 있다는 느낌이었어요."

"누가 시킨 말만 한다는 건가요?"

"아뇨, 그럴 리가요. 그런 게 아니라…… 가령 이런 거죠. 누가 생각해도 좋을 수밖에 없는 파티에 간다고 쳐요. 고교 시절 마지막을 장식하는 프롬파티가 좋겠네요. 모두 파티에

가요. 그리고 끝나면 너무 좋았다고들 하죠. 사실 자신은 별로 재미없었을 수도 있어요. 저는 정말 그랬거든요. 그렇지만 아무도 그런 말은 안 해요. 누군가 물어보면 '좋았다'고 말하는 거예요."

"직원들의 대답도 그런 식이라고요?"

"네, 거의. 저는 모두가 말하는 것처럼 이 층이 전혀 문제가 없다는 생각이 안 들어요."

벤은 눈썹을 추켜세웠다.

"어째서요?"

"우선, 여기 사람들은 항상 주주와 사장을 위해서 일하는 게, 두 분을 위해 남보다 좀 더 노력하는 게 얼마나 즐거운가에 대해 얘기합니다. 그런데 제 눈엔 그렇게 보이지 않아요."

"사실은 아무도 좋아서 하지 않는다?"

"소수는 정말로 좋아서 해요. 그렇지만 나머지 대다수에게는 그저 일일뿐이죠. 해야 한다니까 하는 거죠. 누군가를 위해 좋아서 하는 게 아니라요. 또 하나, 4층을 뒤덮고 있는 온갖 자기최면용 주문에 다들 질려 있는 것 같아요."

"주문? 무슨 주문이요?"

"'우리가 회사에 가장 헌신적이다', '우리는 주주가 바라는 모든 것을 한다', '주주가 바라는 모든 것을 하는 것은 우리뿐이다', '우리는 후회 없이 일한다', '사장님은 우리의 가장 좋은 친구' 등등이요. 말 나온 김에 물어보죠. 벤은 어때요? 사장님이 본인의 가장 좋은 친구라고 보세요?"

"그거야 말이 그렇다는 거죠."

"그럼 사실은요?"

"난 아니에요, 네."

카일은 의자에 등을 기댔다.

"의미 없이 하는 그런 겉치레가 여기엔 많이 보여요. 진심으로가 아니라 여기 문화가 그러니까, 그렇게 말하고 행동하는……. 벤을 두고 하는 얘기는 아니에요."

"난 개의치 않아요."

"4층에서는 다들 행복하다고 해요. 그러나 많은 사람들이 부산하게 몸을 움직이며, 자기암시를 걸고 있어요. 4층에 있으니 만족스러워해야 마땅하다고. 그러면서 교육 세미나에 참석하고, 의욕이 솟는다는 DVD를 보며 최선을 다하고 있다는 생각에 보람을 느끼죠. 기분전환을 위해 컴퓨터 게임을 하면서조차 다 주주가 원해서 하는 거라고 생각할 정도죠. 단단히 착각하고 있는 거죠."

한참동안 묵묵부답이었던 벤이 마침내 입을 열었다.

"카일, 1층에서 온 사람치곤 눈치 한번 빠르네요."

카일은 웃음을 터트렸다.

"지켜본 것을 말했을 뿐인데요. 잘못 봤을 수도 있어요. 제가 가끔 가다 너무 성급하게 결론을 내는 경향이 있거든요."

"아뇨, 제대로 짚으신 것 같아요."

"벤을 깎아내리려는 의도는 전혀 없었어요. 솔직히 말하면 여기서 만난 사람 중에 가장 인간답다고 생각하거든요."

벤의 입꼬리가 말려 올라갔다.

"기분 좋은데요."

그는 몸을 테이블에 바짝 붙이더니 소곤거렸다.

"진심을 말하면, 난 좀 이곳에 환멸을 느끼고 있어요. 나뿐만이 아닐 겁니다. 그런데 아무도 속마음을 털어놓지 않아요. 정말 중요하다고 하니까 해요. 업무며, 교본 스터디며, 혼자 교본을 달달 읽는 거며, 동기부여 비디오를 보는 거며 다 그래서입니다. 그렇게 유난법석을 떠는데, 그 결과가 어디에 있습니까? 여기서 일해봐야 그 번지르르한 선전문구처럼은 결코 되지 않아요. 제가 하는 한 '후회 없이 일하는' 사람도 없습니다."

"그런데 왜 가만히 있는 거예요?"

"달리 뭘 하죠? 이곳의 방식이 절대적인 최선이라고 기정사실화돼 있는걸. 내가 아는 한 교본에도 그렇게 나와 있을걸요."

"사람들이 교본을 제대로 읽지 않는 것일 수도……."

벤은 고개를 좌우로 흔들었다.

"주주가 바라는 일이 이게 아니라면 그럼 뭘 바라는 거냐구요."

카일은 상체를 더 수그리고 목소리를 한껏 낮췄다.

"전부터 묻고 싶었던 게 있는데요, 실제로 주주를 봤다는 사람이 있나요?"

벤은 재빠르게 좌우를 두리번거렸다.

"제가 알기론 없어요."

"그럼 그런 사람이 정말 있는지 어떻게 아세요?"

벤은 고개를 떨어뜨리고 한참을 생각한 후 다시 들어 카일을 바라보았다.

"나도 그게 가끔 궁금했습니다. 그렇지만 유니버설 시스템 같은 회사에 어떻게 소유주가 없을 수 있겠어요?"

• • •

점심시간에 로건과 카일은 오전에 있었던 일을 서로에게 들려줬다. 로건은 벤이 카일에게 한 얘기를 전해 듣고 깜짝 놀랐다.

"그 사람이 그렇게 느끼고 있을 줄은 생각도 못했습니다. 그렇게 생각한다고 해도 그걸 입 밖에 내리라곤 더더욱."

카일은 고개를 끄덕였다.

"이제야 깨달았나 봐요. 4층의 화려한 명성 뒤에 가려진 본모습을요. 그에 부응하려고 발버둥쳐봐도 안 된다는 것을요. 로건, 이번 주 내내 인터뷰를 해왔는데, 이 시점에서 4층에 대한 생각이 어때요?"

"눈이 조금 뜨였다고만 말해두죠."

그날 오후 로건은 교본 스터디 조장 커트를 복사기 앞에서 마주쳤다. 커트는 들고 있던 브라우니 두 개 중 하나를 입에 밀어 넣던 참이었다.

"다이어트 중이신 줄 알았는데요."

"욕구불만을 해소할 게 필요해서."

"왜요?"

"오늘 시황 소식 못 들었나?"

"예, 무슨 일 났습니까?"

"다우지수가 2퍼센트 넘게 떨어졌어. 지난주에 이미 4퍼센트나 급락했는데 말이야. 지난달에는 1년 치 상승분을 고스란히 회복하더니. 투자수익률이 9퍼센트는 돼야 목표액을 달성할 수 있는데. 우리 아이들 대학 학비며 모든 게 여기 달렸다네. 손해만이라도 안 보려면 내년에 17퍼센트 이상은 뽑아야 하는데. 가능성이 있을까 몰라."

커트는 남은 브라우니를 한 입에 삼켰다.

"그렇지만 주주님께서 직원이 필요로 하는 것은 무엇이든 제공해준다면서요."

"그런가. 그런데 그걸로 공립대학 학비나 될까…… 학비 융자 신청서 내는 데 도움은 되겠지."

"대개의 학생들이 그렇게 학비를 대잖아요. 상당수가요."

"우리 아이들은 아냐. 내가 없다면 모를까. 아이들을 주립대에 가게 하지는 않을 거야. 그렇게 해서 어떻게 최고의 자리에 올라갈 수 있겠어?"

칼로리 보충을 끝낸 커트는 복사물을 집어 그 자리를 떠났다. 로건은 자리로 돌아오다 카일의 책상 앞에서 걸음을 멈

쳤다. 그리고 의자에 털썩 앉았다.
"오늘 볼일 끝났어요?"
카일이 물었다.
"아뇨, 이 층 볼일이 끝난 것 같습니다."
"두 손 든 거예요?"
"설마요. 4층 문제가 뭔지 알아낸 것 같아요."

나 자신을 중심에 두는 한,
그건 스스로를 속이는 겁니다

5층을 가로질러 걸어가던 로건은 회의 테이블에 다시 사람들이 둘러앉아 있는 것을 보았다. '아침에 출근해서 한 번, 그리고 퇴근 전에 한 번 모이는 모양이군. 그 사이에는 뭘 하는 거지?'

"4층 분석을 끝냈습니다."

로건은 사장의 맞은편에 앉은 뒤 말했다.

"보통이 아닌데요. 4층은 어지간해선 뚫기 힘든데 말예요."

"다 파악한 건 아닙니다. 그건 그렇고 사장님 화면보호기 아주 볼 만하던데요."

사장은 웃음을 터트렸다.

"내가 나오는 화면보호기가 있던가요?"

"예, 4층에요."

"나한테 관심을 좀 더 가져달랬더니, 그게 그 응답인 모양이로군."

사장은 머리를 설레설레 흔들며 두 팔을 책상에 괴었다.

"그래 4층에 대한 결론은?"

"처음에는 4층이 완벽한, 아니 완벽에 가까운 곳이라고 생각했습니다. 모든 면에서 사장님이 바라시는 대로 하며, 다들 자기 일에 만족해하는 것 같았습니다."

"그랬는데?"

"그랬는데 4층 사람들을 좀 더 알게 되자 4층은 어찌된 일이지 잘은 모르겠지만 1, 2, 3층과 비슷했습니다. 안 그런가요? 아주 똑같다는 건 아닙니다. 4층은 사장님과 주주님에 관한 일도 알고 있으니까요. 또 주주님을 위해 일하겠다는 의지도 확고해 보입니다. 그럼에도……."

"그럼에도?"

"어째서 제게는 다른 층과 다를 바 없이 자신을 위한 일만 하는 것처럼 보일까요? 마치 한 발은 회사의 목표에 동참하고 있지만, 다른 한 발은 빼놓고 있는 것 같습니다. 어떻게 설명하면 좋을지 난감하네요."

"참 헷갈리죠? 그런데 로건의 직감이 맞습니다. 4층 사람들은 기본적으로 주주님보다는 자기를 중심에 놓고 있지요."

"하지만 어떻게 그럴 수 있죠? 주주님의 기대에 부응하려고 열심히 노력하고 있잖습니까?"

사장은 자세를 고쳐 앉았다.

"열심히 노력하고 있죠. 그건 확실해요. 문제는 궁극적으로 누구의 목표를 달성하려고 노력하고 있느냐입니다. 주주님인가, 자기 자신인가?"

"본인들은 정작 그 차이를 모를 겁니다."

"하, 대단한 통찰력입니다. 4층에 있는 이들이 주주님을 중요하게 여기는 것도, 그렇기에 그분이 지향하는 목표를 이루고 싶어 하는 것도 사실입니다. 그런데 그건 어디까지나 자신의 목표성취를 전제로 그렇게 하고 싶다는 거지요. 그들에게 주주님은 파이 한 조각입니다. 이미 자기 목표만으로 파이 한 판이 다 차서 끼워 넣을 데가 없는데 억지로 끼워 넣으려 하는 거죠. 더는 들어가지 않으니, 남아도는 파이 조각 하나가 거추장스러울 수밖에요. 자기 자신과 주주님

양쪽 모두를 만족시켜야 하니 즐거움도 사라져버렸습니다. 그들은 이쪽인지 저쪽인지 둘 중 하나를 택해야 합니다."

"이런 말을 하게 될 줄 정말 몰랐습니다만, 4층에서 많은 사람을 만나보았지만, 그들이 1층에서 만났던 사람들보다 더 행복해 보이진 않았습니다."

"어떤 의미에선 1층 사람들이 더 행복할걸요. 그런 갈등은 없으니. '나' 그리고 또 다른 누군가를 둘 다 챙기려고 욕심내지 않으니까. 그저 자기뿐이죠. 그게 더 맘은 편하지요. 최소한 당분간은."

로건은 잠시 생각에 잠겼다.

"4층 직원들이 진실하지 못하다는 말씀은 아니시죠?"

사장은 고개를 가로저었다.

"그럼요. 4층의 진실을 의심하진 않아요. 단지 갈피를 못 잡고 있는 겁니다. 주주님을 위해 일하고 싶은 마음이 있긴 하지만, 노력하는 것은 여전히 자신을 중심으로 돌아갑니다. 자신이 하고자 하는 것, 자신이 이루려는 것, 자신이 원하는 것을 얻을 수 있느냐 없느냐가 중심에 있죠."

로건은 문득 거래업체를 놓쳤다며 울던 앤지와 투자한 돈을 잃을까 걱정하던 커트가 떠올랐다. 사장은 말을 이었다.

"자신을 중심에 두는 한, 그건 스스로를 속이는 겁니다. 그게 주주님의 역점 목표가 아니니까요."

"그래서 궁금한데요. 4층은 수익을 내고 있습니까?"

사장은 서랍 안으로 손을 뻗어 파일 하나를 꺼내 내밀었다. 로건은 4층의 손익계산서를 보았다.

"적긴 해도 수익을 내고는 있네요. 하지만 1, 2, 3층의 적자를 메우기에는 턱없이 부족한데, 회사의 연간 적자가 모두 얼마나 되나요?"

"적자는 없어요. 매년 흑자죠."

"흑자요? 어디서요?"

사장은 저 멀리 회의 테이블에 앉아 있는 사람들을 가리켰다.

"저 사람들입니다."

The Next Level

미션 V 5층으로 가다!

13

후회 없이 최선을 다했노라는 경험,
해보고 싶으신가요?

"유니버설 시스템의 전체 수익이 저 회의 테이블 하나에서 나온다고요?"

"그렇습니다."

"어떻게 그런 일이 가능하죠? 4층 전직원도 못 하는 걸 저 사람들이 어떻게요?"

"그 의문을 직접 풀어보는 게 어떻겠습니까? 조직개발 담당이니."

"마지막 숙제가 되는 건가요?"

"아뇨. 애초에 내준 숙제는 끝났고, 이건 선택 과제예요. 알아내고 싶으면 그래도 좋다는 뜻입니다."

"물론 알아내고 싶습니다. 회사의 운명이 이 문제에 놓여 있는 것 같으니까요."

사장은 빙그레 미소 지었다.

"그거야 여부가 없죠."

그가 자리에서 일어서자 로건도 따라서 일어났다.

"내일 5층 사람들을 몇 명 만날 수 있게 해둘 테니, 여기 회의가 끝나는 시간에 맞춰 오도록 하세요."

· · ·

다음날 아침 8시 30분에 로건은 5층 직원 그래디 윌슨을 만났다. 로건은 3층으로 업무를 보러 내려가는 그와 동행했다. 넓은 사무실을 돌고 돌아 마침내 도착한 곳은 컴퓨터 버그 처리 전문가 라나 마호니의 자리였다. 그녀는 자리에 없었다. 그래디는 의자 두 개를 끌어당겨 하나는 로건에게 앉으라고 권한 뒤 서류함을 열었다.

"그다지 재미있진 않을 거예요. 파일 정리 지켜보는 거요."

"이런 일을 하십니까? 행정 보조업무요."

"4층에 있을 때는 설비엔지니어링 관리자였어요?"

"그런데 지금은 서류 정리를 하시고요?"

"제가 정리정돈을 잘하거든요. 라나의 파일 정리를 도와주는 거예요."

"좀 따분한 일 아닙니까?"

"일 자체는 그럴지도 모르죠. 하지만 사장님을 위해 하면 따분한 일이란 없어요."

"무슨 뜻인지?"

"사장님, 그리고 라나를 위해 이 일을 할 때면 나 자신을 잊고 일에 몰두하게 돼요. 그러면 일에서 재미를 발견하게 되죠. 그것만으로 4층에서 일할 때보다 보람이 있어요. 최종 상품이 나오는 데 나도 한 몫을 하는 셈이니까요."

한참 후에 로건은 5층으로 돌아왔다. 회의 테이블은 비어 있었다. 로건은 사장의 책상으로 걸어갔다.

"그래디와 만나본 소감은 어때요?"

"조금 놀랐습니다."

로건은 의자에 앉았다.

"다음은 누구입니까?"

로건은 사장과 함께 그날 남은 일정을 짰고, 5층 직원을 몇 명 더 만났다. 제일 먼저 찾아간 사람은 2층에서 직원교육을 하고 있었다. 두 번째 사람은 3층 자재부 책임자, 세 번째는 4층 웹디자이너로 일하고 있었다. 들어보니 비슷한 사정이었다. 필요하다는 곳이 있을 때마다 한시적으로 그 일을 하고, 다음 임무로 이동한다는 것이다. 그들 모두는 하루 업무를 마치면 5층으로 돌아와 회의를 했다.

로건이 관찰한 사람 중 가장 이색적인 일을 하는 사람은 사라 크라이튼이었다. 닥터페퍼를 한 손에 들고 그녀를 찾아간 곳은 1층 구내식당이었다.

"여기서 무슨 일 하십니까?"

"여기 앉아 있어요."

"하루 종일이요?"

"거의 그런 편이죠. 휴식이 필요할 땐 걷기도 하고."

"앉아서 뭘 하시는데요?"

"하는 일이요?"

"네."

"직원들이 말을 걸어오길 기다려요."

"그게 일이라고요? 누군가 말을 걸어올 때까지 여기 앉아 있는 게 일이라고요?"

"예."

"누가 말을 붙여옵니까?"

"원하는 사람은 누구든요. 제가 여기 있다는 걸 다 알아요."

로건은 이 정체불명의 업무에 멍해졌다.

"사람들이 와서 무슨 얘기를 하나요?"

"하고 싶은 얘기요. 시는 얘기, 스트레스 등. 1층에서 일하는 게 좀 고달프잖아요."

"그 사람들은 여기서 하는 일이 없는데요. 그냥 자기 좋은 일이나 하는 거지, 온종일 땡땡이라구요."

"예. 그래서 지치는 거예요. 일하는 게 보람도 의미도 없으니까요. 자기를 중심에 두고 그 이상의 것은 안중에도 두지 않으니까요."

"그들에게 뭐라고 얘기하세요?"

"주로 듣는 편인데, 그들의 존재가 최고 경영진에게 얼마나 중요한 가치를 지녔는지 상기시켜 주기도 하고, 그들이 처한 상황에 관해 조언을 하기도 하죠."

"조언이 효과가 있는 것 같습니까?"

"당장 코앞에 닥친 위기라면 도움이 되는 것 같긴 해요. 그렇지만 그들의 고민을 해결할 근본적인 방법이 있는데, 이 층에서는 불가능하다고 얘기하죠."

"5층으로 올라오라고 권한다는 건가요?"

"예."

"그래서 올라간 사람이 있습니까?"

"많진 않지만 가끔 있어요. 최근에도 여직원 한 명이 올라갔……."

그녀는 말을 하다 말고 로건의 머리 너머로 다가온 젊은 남자에게 시선을 던졌다.

"사라인가요?"

"예."

"말씀 중에 끼어들어 죄송합니다. 나중에 다시 올까요?"

로건은 자리에서 일어섰다.

"아뇨. 두 분 말씀 나누세요. 사라, 만나서 반가웠습니다."

"저도요."

로건은 5층으로 돌아왔다. 회의 테이블은 아직 비어 있었다. 사장은 로건을 발견하고는 손짓으로 불렀다.

"5층에서 하루를 보냈는데, 어때요, 잘되고 있나요?"

"네, 그런 것 같습니다. 만나뵌 분들마다 재미있었습니다. 이 층은 꽤 단순한 편인 것 같습니다."

"그렇긴 한데, 어떤 면에서요?"

"도움이 필요한 사람들을 도와준다는 면에서요."

사장의 입가에 미소가 번졌다.

"겉에서 보기엔 그렇죠, 맞습니다. 하지만 이 층을 움직이는 숨겨진 진짜 힘은 다른 데 있어요. 알게 되겠지만, 눈에 보이는 이상의 것이 있죠."

그러더니 로건이 아직 가본 적 없는 먼발치의 방 하나를 손으로 가리켰다.

"저곳에 있는 사람을 한번 만나보세요. 지금 내린 결론에 예외가 될 인물입니다. 적어도 반쯤은. 하지만 5층이란 곳에서 보면 또 예외는 아니지요."

그 방으로 들어선 로건의 시선을 가장 먼저 사로잡은 것은 바닥부터 천장까지 책으로 가득한 벽과 푹신한 소파들이었다. 한 젊은 남자가 안락의자에 몸을 묻고 책을 읽고 있었다.

그가 책에서 눈을 들어 로건을 올려다보았다.

"안녕하세요."

"안녕하세요. 여기 계시다는 분을 만나러 왔는데요."

"여기는 저밖에 없으니 절 찾아오신 거네요."

그는 벌떡 일어나 손을 내밀었다.

"라이언 데이비스입니다."

"로건 벨입니다."

젊은 남자가 도로 의자에 앉자, 로건은 긴 소파에 엉거주춤 걸터앉았다.

"그래, 저는 무슨 일로 찾아오셨죠?"

"지금 5층 분들을 찾아다니며 무슨 일을 하는지 보고 있습니다."

"아, 사장님이 채용하신 OD 분이시군요?"

"맞습니다."

"제가 하는 일은 보시는 대로예요."

그는 책을 한 권 들어보였다.

"독서요. 책 읽는 걸 아주 좋아해요."

"무슨 책을 읽고 계시죠?"

"《까라마조프 씨네 형제들》이요. 도스토예프스키."

"하루 종일 여기에만 계십니까?"

"오전에는 2층에서 그래픽 디자인을 하고, 점심 먹고 나면 여기로 와요."

"사장님도 알고 계신가요?"

라이언은 풋 하고 웃었다.

"그럼요. 제게 내준 과제가 이거거든요. 말하자면 이걸 하라고 저를 여기 고용하신 거죠."

"여기 와서 책을 읽으라고요?"

"예."

"왜죠?"

"저도 왜냐고 여쭤봤는데, 확실한 답을 주지 않으셨어요. 믿고 해보라는 말씀밖에는요."

"오후 내내 여기 혼자 계시는 건가요?"

"아뇨. 주주님이 종종 들르셔서 계시다 가세요."

"정말입니까?"

로건은 놀란 기색을 애써 감추며 다시 물었다.

"오셔서 뭘 하시는데요?"

"저랑 말씀을 나누세요."

"무슨 얘기를요?

"대중없어요. 뭐든 하고 싶은 얘기요. 그냥 심심풀이 대화예요."

"저기, 기분 나쁘게 들릴지 모르지만, 오해는 마셨으면 합니다. 주주님이 왜 라이언과 개인적으로 그런 시간을 보내시는 건지 혹시 아세요?"

"글쎄요, 그냥 좋아서가 아닐까요? 사실 전 좋거든요. 이제 저한테 그분은 인생의 스승 같아요."

라이언은 흘깃 시계를 내려다보았다.

"앗, 5시 다 됐네요. 그만 나가봐야겠어요."

"어디를요?"

"오늘의 마감회의요. 합석하셔도 괜찮을 것 같은데."

둘은 회의 테이블로 걸음을 옮겼다. 사람들이 속속 자리를 채우고 있었다. 로건은 초면인 사람들과 인사를 나눴다. 그중 존이라는 사람은 이제 막 출근한 참이었다.

"지금 막 오셨습니까?"

로건이 물었다.

"야간 근무거든요."

"어떤 업무인데요?"

"지금은 청소부들 일을 거들고 있죠."

"청소를 하신다고요?"

그는 싱긋 미소를 지었다.

"네. 주로 화장실 담당이죠. 신참이다 보니."

마지막 남은 한 명이 도착하자 다들 자리에 앉았다. 로건은 즉시 그녀를 알아보았다.

"베스! 여기 웬일이에요? 5층에서 일하세요?"

"아, 로건, 잘 있었어요?"

베스의 얼굴이 환해졌다.

"네, 이제 여기서 일해요."

자리에 앉으며 상체를 숙이는 그녀의 가슴께를 보고 옷차림이 달라졌음을 눈치 챘다.

"언제 올라오신 겁니까?"

"한 2주 됐어요."

"어떻게 올라오시게 된 거예요?"

그녀는 어깨를 살짝 으쓱해 보였다.

"누구든 여기서 일할 수 있는걸요."

회의가 시작되었다. 업무회의치고는 어딘가 이상했다. 으레 나오기 마련인 '비즈니스' 얘기가 없는 것이 의아하기만 했다. 대신 그들은 각자 돌아가며 오늘 하루 무엇을 했는지, 각 층 직원들과 만나서 있었던 일들을 중심으로 간략히 보고했다. 그런 다음 조직 전체에 걸쳐 개개인의 애로사항을 일일이 열거했고, 다음 날 사적인 면에서, 그리고 일적인 면에서 어떻게 서로 지원해줄지 의논했다.

회의가 끝나고, 테이블에는 베스와 로건만이 남았다.

"베스."

로건이 먼저 말문을 열었다.

"지난번에는 제가 오해를……."

"아뇨, 제가 먼저 사과드리고 싶어요."

"사과요? 뭘요?"

"1층에 있을 때 그런 식으로 행동했던 거요."

"그게 왜? 그럼 그때……."

"맞아요. 의도적으로 접근한 거였어요. 죄송했습니다."

"좀 이른 감이 있었지만, 전혀 흥미가 없었던 것도 아니었습니다."

"알아요. 그래도 잘못된 것은 잘못된 거예요. 사과 받아주시는 거예요?"

로건은 생각지도 않은 사과를 받고 얼떨떨했지만, 베스가 무안해하지 않을 대답을 골랐다.

"그럼요. 염두에 두지 마세요. 전 아무렇지 않습니다."

그는 두 팔을 테이블에 올려놓고 깍지를 꼈다.

"그런데 여기 5층에서 일하시다니 어떻게 된 건가요? 여기서 뵙게 될 줄은 정말 몰랐습니다. 베스를 무시해서 하는 말은 아닙니다. 그냥 궁금해서요."

"기분 안 나빠요. 예전의 나라면 그랬을지도 모르지만요.

사라 크라이튼이 어떻겠냐고 제안을 했어요. 누군지 아시나요?"

"오늘 아침에 1층에서 만났습니다. 그분과 얘길 했군요."

"여러 번이요. 일이고 생활이고 모두 진탕 같은 기분이 들었거든요. 너무 한심해서 더는 참을 수가 없었는데, 그녀가 얘길 잘 들어주었어요."

"뭐라고 하던가요?"

"그 모든 걸 떨쳐버릴 수 있는 층이 있다고요."

"1층에서 제법 즐겁게 지내고 계신 것처럼 보였습니다."

"그런 줄 알았죠. 그런 식으로 사는 게 한동안은 즐거웠어요. 그러다 제정신이 들고, 현실에 눈뜨면 더 이상 즐겁지가 않아요. 아무 가치도 없고, 아무 도움도 되지 않는 짓만 일이라고 하고 있거든요. 자신이 스스로 납득되지 않아요. 이런 기분만 아니라면…… 뭐 최고였죠."

"그렇지만 여기 올라와서…… 의지와 상관없이 시키는 일을 하는 게 정말 괜찮으세요?"

베스가 깔깔대며 웃었다.

"왜, 왜요?"

로건이 당황해하며 물었다.

"뭐가 그렇게 웃기죠?"

"방금 그 말이요. 아무도 뭘 하라고 시키지 않거든요. 무엇을 하든 자기 자유예요."

"그렇지만 다들 주주가 지시하는 일을 무조건 하고 있잖아요?"

"네. 그렇지만 그걸 하고 안 하고는 우리 선택이에요. 참된 자유란 알고 보면, 우리의 목적을 충실히 이행할 수 있는 능력 같아요. 많은 사람들이 그러질 못해요."

"그러면 안 할 수도 있잖아요?"

"물론이죠. 여기는 완전히 자유로우니까요. 자유 의지로 주주님의 뜻을 우리가 대신 행동에 옮긴다고 할 수 있어요. 사람들이 우리가 일하는 모습을 보고 '저게 주주님의 경영 방식이다'라고 말할 수 있을 정도로요. 그것이 애초에 우리가 여기 고용된 이유죠."

"여기 5층에 고용된 이유 말이죠?"

"아뇨. 이 회사에요. 다만 극소수가 이쪽을 선택하는 거죠. 그 외 대부분의 사람들은 자기 자신을 위해서, 자기 목표를 위해서 일하고 있고요."

"그럼 베스는 더 이상 그렇게 일하지 않는다는 거네요?"

"네. 이젠 주주님을 위해서 일해요. 내 목표가 아니라 주주님의 목표를 이루는 것이 나의 목표예요."

로건은 잠시 생각에 잠겼다.

"저는 과연 그럴 수 있을지 자신이 없네요."

"그럼 후회 없이 최선을 다했노라는 경험은 누고두고 못 하실 걸요."

"무엇을 위해서요?"

"인생의 의미, 목표, 참맛, 충만감을 위해서죠."

로건은 고개를 가로저었다.

"잘 모르겠네요. 뭐랄까…… 너무 거창해서요. 베스가 가졌던 그런 자유를 포기할 사람이 과연 있을까요?"

베스는 테이블에 두 손을 포개놓으며 웃어 보였다.

"로건이 완전히 놓치고 있는 게 있어요. 난 자유를 포기한 적이 없는걸요. 포기하기는커녕 지금처럼 자유로웠던 적이 없어요. 나만 생각하는 것…… 내 것만 주장하고, 그걸 손에 넣고, 어떻게 하면 나에게 이로울지 머리 굴리고, 술수 쓰고, 내 안전만 지키고, 내 걱정만 하고, 다른 사람이 나를 어떻게 볼까 전전긍긍하고…… 이게 자유예요?"

14
누군가를 알려면 진정으로
하나가 되어야 합니다

다음 날 아침 로건은 카일에게 전화를 걸었다.

"지금 5층에서 누가 일하고 있는지 상상도 못할걸요."

"누군데요?"

"베스."

"1층 베스요?"

"그 사람 말고 누가 있어요."

"어디 갔나 했어요. 그 여자 아직도 열심히 추파를 보내고 있는 거예요?"

"이젠 끊은 거 같아요. 180도 변했습니다."

"좋은 쪽으로?"

"그건 아직 모르겠어요. 솔직히 말하면 여기 5층을 전혀 파악 못 하고 있어요. 도통 모르겠어요."

"그럼 나더러 거기로 올라오라고 전화한 건 아니군요."

로건이 웃으며 대답했다.

"아직 분석이 안 끝났어요. 추천할 만한 곳이라고 확신이 서면 제일 먼저 알려드리죠."

"아버님께는 이젠 5층으로 올라갔다고 말씀드렸어요?"

"네. 별로 기특해하지 않으세요."

"아니, 왜요?"

"내가 아직도 한 곳에 자리를 못 잡고 이 층 저 층으로 옮겨 다닌다고 생각하세요. 그걸 못마땅해하세요. 아버지가 3층 국장과 아는 사이인데, 내가 그 국장님 밑에서 일했으면 하세요."

"그럴 생각이 있어요?"

"그거야 모르죠. 지금 과제를 마치면, 사장님이 어떻게 하라고 할지 알 수 없으니."

로건은 그날 마감회의가 시작되는 5시 직전에 야간 청소 담당 존을 5층 주방에서 마주쳤다. 로건은 존이 냉장고에 저녁 도시락을 넣기를 기다렸다가 말을 붙였다.

"질문 하나 해도 돼요?"

"그럼요."

"화장실 청소를 맡기 전 업무는 뭐였습니까?"

"유니버설 시스템에서는 리스크 계량 및 관리 일을 해왔습니다."

로건이 앞서서 문을 열고, 두 사람은 회의 테이블 쪽으로 걸어갔다.

"이만저만한 업무이동이 아니네요."

존이 쿡쿡거렸다.

"그렇지도 않아요. 변기 안에 손을 밀어 넣을 때마다 리스크를 산정하니까요."

둘은 동시에 웃음을 터트렸다.

"개인적인 질문 하나 더 해도 되겠습니까?"

"그러세요."

"월급은 예전과 똑같습니까?"

"설마요. 청소직원이 받는 월급대로 받지요."

로건은 존을 말끄러미 바라보았다.

"그, 그럼 예전에 받던 것과는 비교도 안 되지 않습니까?"

"예."

"왜요? 왜 그런 감봉을 감수하시는 거죠?"

"사장님도 그러시니까요. 우릴 위해 자신을 희생하셨고, 이제 우리도 그렇게 할 수 있게 해주신 거죠. 그게 우리가 여기에서 하는 일이에요. 직원으로서 우리가 여기에서 일하는 한, 우리의 시간은 그분의 것이니 그대로 본받으려는 겁니다."

"그래도 말이 안 됩니다."

"말이 안 될 게 전혀 없습니다. 다른 청소직원들이 받는 월급의 대여섯 배를 받으면서 어떻게 그 사람들하고 한 식구로 일할 수가 있겠어요? 그 사람들과 같아지지 않고선 그들을 도와준다고 할 수 없죠."

"그래도 그건 부당합니다."

존은 조용히 미소를 지었다.

"아뇨, 부당한 것으로 치면, 주주님에게 모든 것을 받으면서도 그 보답으로 내가 하는 일이 너무 보잘것없다는 겁니다. 그렇게 생각하면 제가 훨씬 이득이죠."

● ● ●

   로건은 한 주 더 5층을 지켜보며 아침저녁으로 전체회의에 꼬박꼬박 참석했다. 이 집단은 서로에 대한 의존도가 대단했다. '우리 힘만으로는 절대 못 해냈을 겁니다'라는 말을 몇 번이나 들었는지 모른다.

   조금 더 시간이 지나고 로건은 그래야만 하는 이유를 알게 되었다. 무사평온한 분위기 속에서도 일선에서는 어려움이 속출했다. 1층에서 사라 크라이튼이 맞닥뜨리는 '상담' 내용들도 그렇고, 4층에서 5층 사람들의 의도를 거듭해서 오해하는 상황도 그랬다.

   "우리를 이상하게 봐요. 우리가 교본 스터디라든가, 그들이 하는 모든 것에 부정적인 태도를 갖고 있다고 생각하죠."

   누군가 설명했다.

   "그래도 그들을 위해 우리가 할 수 있는 최선을 다해봐야죠."

   일대일, 혹은 소규모로 사장과 개별 미팅을 하는 경우도 빈번했다. 사장은 전체회의에 종종 동석했지만, 안 나오는 경우도 더러 있었다.

"비결이 뭔지는 모르지만, 사장님은 우리가 사장님의 조언을 필요로 할 때와, 우리 스스로 해결하거나 우리끼리 서로에게 조언을 해주며 독려할 필요가 있을 때를 신기하게 잘 아세요."

사라가 로건에게 말했다.

전체회의에 종종 나타나는 새로운 얼굴이 하나 있었는데, 회사의 최고고문이라고 했다. 5층에서 '선생님'이라는 친근감 있는 호칭으로 통했다.

"잘은 몰라도 주주님이랑 관련된 인물이죠."

로건은 누군가에게 그 사람에 대한 이야기를 들은 적이 있었다. 들리는 얘기로는 창업 초기에 지대한 공헌을 했고, 그 후에는 회사 전체의 문제해결사 같은 존재로 변모해왔지만, 그의 관심은 주로 5층에 쏠려 있다고 했다.

서서히 로건은 5층이 무엇이 다른지 감을 잡기 시작했다. 그것은 굳은 결의나 박력 있는 행동이 아니었다. (4층의 많은 직원들은 다부진 의지와 열정으로 일에 임했다.) 그것은 바로 관점이었다. 그들은 사장의 관점을 받아들였다고 했다.

"우리는 사장님과 주주님이 회사를 바라보는 눈으로 회사 그리고 그 속의 일부인 우리를 바라봅니다. 우리 계획의 일부에 사장님이 있는 게 아니고, 우리가 사장님 계획의 일부에 있는 것입니다."

어느 날 아침 로건은 파일 정리를 하러 또 아래층으로 내려가는 그래디 윌슨을 엘리베이터에서 만났다.

"주주님을 위해 하는 일들, 지겨울 때는 없으십니까?"

로건은 뜬금없이 질문을 던졌다.

"만약 그게, 그러니까 주주님을 위해 하는 일이라고만 한다면, 맞아요, 그럴 거예요. 버티는 사람이 없을 겁니다. 그런데 실은 그렇지가 않아요. 회사 운영을 가능케 하는 것은 우리입니다. 주주님은 우리가 일을 할 때 전권을 주고 있어요."

로건은 고개를 끄덕였다.

"제가 학교 다닐 때 배운 게 하나 있다면 직원들이 자립적으로 행동할 수 있도록 힘을 실어주는 게 중요하다는 사실이었죠."

그래디가 입꼬리를 올린 채 고개를 가로저었다.

"제 말이 틀렸나요?"

"여기서 힘을 실어준다는 것은 그것과 정반대입니다. 주주님과 사장님은 우리에게 전권을 부여하지만, 그건 자립이 아니라 의존에 대한 권한부여입니다."

"누구에 대한 의존이요?"

"두 분에게요."

"무슨 말씀인지 잘 이해가 안 되는데요."

"저도 잘 설명할 자신이 없네요. 직접 경험해보면 간단한데 말이죠. 주주님과 사장님은 자신들의 바람대로 회사를 운영하시고, 우리 역시도 그렇게 운영할 수 있게 해주세요. 다른 층에 있을 때는 이런 경험을 해보지 못했어요. 아무도 그렇게 하지 않았죠."

"다른 층에선 어떻게 하고 있는데요?"

"자기들만의 힘으로 운영하고 있다고 할 수 있죠. 우리는 그렇지 않고요. 우리는 두 분에게서 힘을 빌립니다."

로건은 몇 사람을 더 붙잡고 이것이 무슨 뜻인지 물어봤지만, 조금도 명쾌해지지가 않았다. '주주님과 사장님은 우리 층의 원동력입니다'라는 대답만 몇 번이고 되돌아왔다.

5층에서 일주일하고도 반이 지났지만, 로건은 이 소수의 집단이 어떻게 회사 전체 수익의 대부분을 창출하고 있는가에 대한 답에 조금도 접근하지 못했다. 하지만 포기하진 않았다. 5층에서 보고 들은 것을 토대로 메모해둔 질문거리가 제법 쌓이자, 다시 사장과 마주 앉았다.

"주저 말고 뭐든 물어보세요."

사장이 흔쾌히 질문을 청했다.

로건은 PDA로 눈길을 돌렸다.

"네, 그럼 시작하겠습니다. 누구든 5층에 와서 일할 수 있다는 게 사실인가요?"

"네, 사실입니다."

"그럼 어떤 각오가 돼 있어야 합니까?"

"어떤 각오도 필요 없어요. 단, 회사에 대한 주주님의 관점을 가져야 합니다."

"사장님의 관점은요?"

"내 관점도요."

로건은 자세를 바꾸어 앉으며 다시 PDA로 시선을 내렸다.

"여기 사람들은 주주님을 아주 잘 알고 있는 것처럼 말합니다."

"맞아요."

"그렇지만 그런 말은 4층 직원들도 합니다."

"그래요."

사장은 잠시 뜸을 들였다.

"그들도 압니다. 잘 알지 못할 뿐이죠."

"그건 왜 그런가요? 주주님이 여기 5층에 같이 계시기 때문인가요?"

"네, 5층 사람들은 주주님을 직접 접할 수 있어요. 그런데 그건 4층도 원한다면 할 수 있어요. 그러니 그건 중요한 차이가 아니죠."

"그럼 뭐가 다른 거죠?"

"중요한 차이는 5층은 주주님과 완전한 일심동체라는 거죠. 그분의 목표가 곧 그들의 목표죠. 그들이 주주님을 잘 아는 것은 반대 방향이 아니라 같은 방향으로 가고 있기 때문입니다. 그런 경험 없었나요?"

로건은 사장의 마지막 말에 기억을 더듬어보았다.

"있었던 것 같습니다. 고등학교 때 교내신문을 만들었는데, 서로 부대끼면서 부원들이 서로를 아주 잘 알게 되었습니다. 그런 느낌일까요?"

사장은 의자에 몸을 기대며 머리 뒤로 깍지를 꼈다.

"조금은요. 제가 말하는 것은 공동의 결과물을 만든다는 사실보다 '한마음'이에요. 5층에는 주주님과 직원의 공통의 준거틀이 있어요. 그래서 그분을 잘 아는 거죠."

"하지만 4층 사람들도 주주님이 원하시는 대로 하려고 열심히 노력합니다. 교본 스터디며, 여러 가지로 노력합니다."

"그런 노력들이 나쁘진 않지만, 그런다고 주주님을 아주 잘 알게 되진 않을걸요."

"왜 안 되죠?"

"왜냐하면 그들의 마음가짐은 주주님과 어긋나기 때문이죠. 그들이 자신만을 위하는 한, 자신만 좋은 대로 일하고, 자기 방식에 근거해 주주를 위해 일하는 한, 다시 말해, 자신을 중심에 두는 한, 주주님을 잘 알 순 없습니다. 누군가를 잘 알려면 진정으로 하나가 되어야 하니까요."

전에도 사장은 이런 얘기를 한 적이 있었다. 로건은 처음 들었을 때와 마찬가지로, 여전히 얼떨떨하기만 했다. PDA에 뭔가를 적고 나서 로건은 한동안 입을 다물었다.

"개인적으로 질문이 있는데요."

로건이 마침내 침묵을 깼다.

"이 회사에서 사장님이 하시려는 건 뭔가요?"

"유니버설 시스템을 주주님이 바라는 회사로 만드는 겁니다. 가능하면 생각하시는 바 그대로요. 나의 궁극적인 목표는 그분의 수익 목표를 이루는 거죠. 그게 나를 가장 즐겁게 하는 일이고."

"주주님 밑에서 일하는 것을 정말 좋아하시나 봅니다."

사장은 흐뭇하게 웃었다.

"아무렴요. 여기서 하는 모든 게 그분을 위해섭니다. 언젠가는 이 회사의 전직원이 그렇게 할 수 있을 거예요. 모든 층이 5층처럼요. 이보다 더 그분을 기쁘게 할 일은 없을 겁니다."

로건은 PDA 화면을 다시 한 번 아래위로 스크롤했다.

"질문을 다 한 것 같습니다."

"아주 유익한 질문이었어요."

"저기, 사실 하나 더 있는데요."

로건의 말에 사장은 의자에서 몸을 일으키려다 멈추었다.

"중요한 문제도 아니고, 다른 사람의 개인적인 일을 캐는 것 같습니다만……."

"괜찮아요, 뭐든 물어보세요. 그러라고 여기 온 겁니다."

"그냥 궁금해서요. 라이언이라는 직원은 왜 반나절을 도서실에서 책을 읽으며 보내는 건가요?"

사장은 풋 하고 웃음을 터트렸다.

"좀 이색적인 업무죠? 주주님의 결정입니다. 라이언이 책 읽기를 좋아한다는 걸 알고, 그런 일을 줬지요. 그 친구가 좋아하니까."

"좋아하니까요?"

"주주님도 좋고요."

사장은 로건과 함께 자리에서 일어나 몇 발자국 걷더니 질문했다.

"어때요, 이젠 좀 감이 잡힙니까?"

"아뇨. 5층에 대해 알고 있는 건 많은데 진짜 중요한 핵심은 놓치고 있는 기분입니다. 이곳에서 진짜 무슨 일이 일어나고 있는 건지, 이 문제에 맞닥뜨리면 머리가 돌아가질 않네요."

"경주 시합이 아니니, 느긋하게 생각하세요."

다시 몇 걸음을 떼던 로건은 넓디넓은 실내 저편에 무심코 눈길을 던졌다. 그런데 지금까지 거기 있는 줄 몰랐던 뭔가가 시야에 잡혔다.

"저쪽에 있는 저게 뭔가요?"

"뭐가요?"

"사무실처럼 보이는 저거요. 5층에 사무실이 있었습니까?"

"하나 있어요. 주주님의 사무실이요."

"주주님 사무실이요? 정말로 여기 계시다구요?"

"그게 그렇게 놀랄 일인가요?"

"전연 몰랐습니다. 어디 다른 데 계실 거라고……."

"천만에요. 만나볼래요?"

"제가요? 그래도 됩니까?"

"물론이죠. 얘기 상대가 찾아왔다고 좋아하실걸요. 어서 가보세요."

"지금요? 약속을 잡지 않아도 됩니까?"

"나하고 만날 때 약속 잡고 온 적 있어요?"

"그건 아니지만……."

"그렇지만 더 높은 분이시다 이건가요?"

사장은 큰 소리로 웃었다.

"그런 뜻은 아닙니다……."

"괜찮아요. 지금이 딱 좋아요. 로건을 만나게 돼 기뻐하실 겁니다."

"사장님께서 같이 가셔서 저를 소개하지 않아도 될까요?"

"직접 소개하세요. 이미 얘기는 들으셨으니."

"그런가요?"

로건은 덩그맣게 홀로 있는 사무실을 다시 건너다보았다.

"알겠습니다."

로건은 곧장 가로질러 걷기 시작했다. 베일에 싸인 주주가 과연 어떤 사람일지, 어떤 만남이 기다리고 있을지 짐작조차 못한 채.

15

모든 사람이 인턴입니다
평생에 걸쳐 **가르침**을 받지요

주주의 사무실 문은 열려 있었다. 로건은 주주가 통화 중인 것을 보고 입구에서 대기했다. 로건을 발견한 그는 통화를 마저 할 동안 들어와 앉아 있으라는 손짓을 했다.

사무실은 널찍하고 고풍스런 느낌이었다. 반듯하게 정돈된 대리석 상판의 책상, 그 너머로 한 세트를 이루는 허치(책상 위에 올려놓거나 바로 뒤에 붙이는 책꽂이 겸용 수납공간), 커다란 책장 두 개와 손님용 안락의자가 두 개 놓여 있었다. 벽에는 사실주의풍 풍경화가 몇 점 걸려 있다.

주주라는 사람은 오랜 운동으로 다져진 듯한 다부지고 날렵한 체격이었다. 회색 양복에 페이즐리 무늬의 노란색 타이를 매고, 구리 테 안경을 쓰고 있었다.

로건은 주주의 통화내용을 들리는 대로 들을 수밖에 없었다.

"당연하지. 그 애가 전부 물려받는다니까…… 응…… 그렇지. 그 사람들도 전부 같이 받게 해줘……. 아니 나눠 갖는 게 아니라 같이 받는 거야."

주주는 한동안 잠자코 듣고만 있다가 다시 입을 열었다.

"알아, 흔치 않은 조건인 건 알지만, 자네가 꼭 해내리라 믿어. 빌, 자네의 특기인 탁월한 창의력을 발휘해봐. 한번 잘 궁리해보고, 내 쪽에서 도와줄 게 있으면 다시 전화 주게…… 응, 응……. 고맙네."

주주는 수화기를 내려놓고 로건을 향해 일어섰다.

"이거 실례했습니다. 통화가 길어졌네요. 내 유언장 문제로 변호사랑 의논을 좀 하고 있느라고."

그는 로건에게 손을 내밀었다.

"내가 사람들한테 주주라 불리는 사람입니다."

"로건 벨이라고 합니다. 여기서 하고 있는 일은……."

"알아요. 사장님 요청으로 조직분석을 하고 있지요?"

"예, 그렇습니다."

"1층에서 4층까지는 이미 진단이 끝났다죠?"

로건은 주주가 자신의 업무를 그 정도로 자세히 듣고 있을 줄은 몰랐다.

"예. 현재는 5층을 분석하고 있습니다."

"여긴 문제점을 많이 찾아내지 못할 거요."

"압니다. 문제점보단 회사 수익의 거의 대부분이 어떻게 이곳에서 창출되느냐를 알아보고 있습니다."

"아, 참으로 어려운 과제로군요. 이유를 알아내셨소?"

"아뇨, 아직."

"그럴 거요. 직관으론 이해되지 않을 테니. 뭐 마실 것 좀 드릴까요?"

"혹시…… 아니, 물이면 됩니다."

주주는 구석에 놓인 미니 냉장고로 걸어가 생수 한 병을 집었다.

"암튼, 로건을 한 식구로 맞게 돼서 기뻐요. 여기서 일한 지 이제 얼마나 됐소?"

그는 자리로 돌아와 생수병을 로건에게 건넸다.

"3개월 정도 됐습니다."

주주는 의자에 앉았다.

"그동안 각 사업국을 돌며 잠깐이지만 그 속을 들여다볼 기회가 있었는데, 겉으로 볼 때와 어떻던가요?"

로건은 심호흡을 했다.

"확실히 달랐습니다. 솔직하게 말씀드려도 될까요?"

"물론입니다. 그렇지 않다면 의미가 없지요."

"1층에서 4층까지 정말 좋은 분들도 있었습니다······."

"맞습니다."

"하지만 모두 주주님이 아닌 자신에게 이로운 일을 하고 있습니다."

"지금으로선 그렇지요."

"그런데도 왜 계속 회사에 두시는 겁니까?"

주주는 뜻 모를 미소를 지었다.

"아직 배우는 단계니까요. 어떻게 하면 안 되는지를 직접 경험해봐야 어떻게 하면 되는지를 깨닫습니다. 그래야 여기에서 비로소 생산성 있는 일원이 되지요. 1층에서 4층까지는 말하자면 '안 되는' 방법을 몸소 경험하는 중입니다."

"하지만 대다수 직원이 그 층에 있다는 건 심각한 문제 아닌가요?"

"지금이야 그렇죠. 그런데 5층에 텅텅 빈 책상들은 보셨소?"

"눈 감고 다니지 않은 다음에야 안 보일 리가 없죠."

"그 책상들이 결국엔 모두 차게 될 거요. 빈 공간이 모두 채워질 거요."

"4층이 지금 그렇던데요."

주주는 고개를 절레절레 흔들었다.

"어림없는 소리. 그 층엔 지금도 자기 앞가림만 하는 사람들뿐인데, 그게 장기적으로 어떤 사태를 몰고 올지 상상이 됩니까?"

"5층의 빈자리는 언제 다 차게 됩니까?"

"사람들이 그들의 목표가 아니라 우리의 목표에 정진할 때요."

"그런 날이 오면 여기에서 다들 무슨 일을 하게 되나요?"

"지금 5층 직원들이 하는 일을 하게 되죠. 이 회사의 대표 상품을 그들을 통해 생산할 수 있게 될 겁니다."

로건은 물을 한 모금 들이켰다.

"솔직히 말씀드려서, 몇 명 되지도 않는 5층 사람들이 수익을 낸다는 게 이해되지 않습니다. 더구나 그들은 자리에 있지도 않습니다. 출퇴근 시간에 잠깐 왔다가는 아래층으로 내려가서 그곳 사람들을 돕습니다. 또 저는 이 층에서 상품이란 걸 본 적조차 없습니다."

주주는 이를 드러내며 조용히 웃었다.

"다 맞는 얘기예요. 5층에는 눈에 보이는 상품이 없어요. 하지만 눈에 보이지 않는 상품은 있지요."

로건은 멍하니 주주의 눈을 응시했다.

"그, 그게 무슨 뜻인가요?"

"이 회사의 진짜 상품은 자기를 버리고 남을 위하는 사랑입니다. 처음에는 내 아들과 나 둘뿐이었소. 이제는 5층에 우리 말고 그런 사랑을 만들어내는 사람들이 더 생겼어요. 우리에게서 새로운 가지가 뻗어나간 거지요. 언젠가는 이 층이 그런 사랑을 만들어내는 사람들로 넘쳐날 겁니다."

로건은 자신의 귀를 의심했다.

"사랑이요? 그게 우리 회사의 상품이라고요?"

"그래요. 우리가 생산하는 종류는 세상에 단 하나뿐이에요. 전세계 사람들이 우리 상품을 쓰지요."

"그, 그런데……. 그걸로 어떻게 돈을 벌죠?"

주주는 몸을 앞으로 당겨 팔을 책상에 얹었다.

"로건, 진짜 필요한 질문은 이겁니다. '그것이 없이 어떻게 이익을 얻느냐?' 이 회사에서는 자기가 원하는 것에 매달리면 손실을 봅니다. 그런데 회사를 위해, 나와 내 아들을 위해, 자신을 희생하면 엄청난 이익을 봅니다. 그러면 그 사람 개인도 모든 걸 얻게 되죠."

로건은 뒤죽박죽이 된 머릿속을 정리하려 애쓰며, PDA를 내려다보았다.

"아드님 얘길 두어 번 꺼내셨는데……."

"맞소. 이 회사를 그 애한테 물려줄 수 있다는 게 내 가장 큰 기쁨이라오. 다 그 애를 위해 일군 사업이거든. 모쪼록 아들이 그리는 그대로의 회사가 되길 바라요. 우리 아들은 자신을 버리고 남을 위하는 사랑의 최고 본보기거든."

"아드님도 회사에 계신가요? 만나 뵌 기억이 없어서요."

"벌써 여러 번 얘기를 나눴잖소."

"그런가요? 누구?"

"사장이오. 사장이 내 아들이라오."

로건은 왜 진작 몰랐을까 속으로 무릎을 쳤다. 이제야 분명해졌다.

"그럼 아까 변호사와 누군가에 대해 말씀하셨을 때……."

로건은 아차 싶어 말을 끊었다.

"죄송합니다. 엿듣고 있는 게 아니었는데."

"아니오. 상관없어요. 내가 들어오라고 했잖소. 내 유언장은 여기서 공공연한 비밀이라오."

로건은 그제야 안도의 숨을 내쉬었다.

"그럼 전부 상속받는다는 사람이 사장님을 두고 하신 말씀이군요?"

"물론이지. 회사 덩치는 이렇게 커도 유니버설 시스템은 가족 사업이에요. 이렇게 사업을 하는 건 여기 있는 당신도, 다른 직원들을 위해서도 아니라오."

대부분 기업들이 그러니 새삼스러울 것 없지만, 주주가 간단히 인정해버리자 로건은 다소 놀랐다.

"그럼 무엇을 위해서라고 생각하십니까?"

"무엇이 아니오. 누구지, 내 아들, 다 그 애를 위해서요. 일단 이 사실을 인정하면, 이 회사에서 한 몫을 제대로 하는 성원이 됩니다. 5층에 있는 사람들처럼."

"그럼 5층에 합류하기 전에는요?"

"그러기 전에는 때를 기다리며 어영부영 지내는 거지요."

"그렇지만, 통화를 엿들어 다시 한 번 죄송하지만, 모든 유산을 다른 사람도 같이 받는다고 하셨던 것 같은데요?"

주주의 눈빛이 즐거운 듯 반짝거렸다.

"그렇지. 아들을 위해 회사가 있는 거지만, 그 애는 같이 일하는 이들과 함께 나누고 싶어 해요. 그래서 그 사람들도 아들과 마찬가지로 적법한 상속자가 됩니다."

"5층에 있는 사람들만 해딩되나요?"

"그렇죠. 하지만 잊으면 안 됩니다. 4층에 있는 사람들도 모두 언젠가 5층에 있게 될 거고, 그 아래층들도 그렇게 될 거요."

"그런데 그 모든 사람이 어떻게 전부를 물려받을 수 있는 거죠?"

주주가 큰소리로 웃음을 터트렸다.

"그러게 말이오. 그래서 내 변호사한테 머리를 굴려보라고 한 거요."

로건은 잠시 가만히 앉아 있다가 입을 열었다.

"이것으로 5층에 대한 궁금증이 풀린 것 같습니다."

"그랬구만. 자, 그럼 이번엔 로건이 마지막 남은 질문에 답을 줄 차례 아니오?"

· · ·

로건은 다시 사장을 만나러 갔다. 그를 기다리고 있었던 건지 알 수는 없지만, 자리에 있었다.

"주주님과의 만남은 어땠습니까?"

"덕분에 의문이 많이 풀렸습니다."

"5층에 대한 분석이 끝났나요?"

"예, 이번에야말로."

"기대했던 대로던가요?"

"아뇨, 꼭 그렇진 않습니다. 직관으로 설명되지 않았으니까요. 주주님, 사장님의 아버님 말씀대로요."

사장은 지그시 웃음을 지었다.

"늘 그 말씀이세요."

그는 책상으로 손을 뻗어 노란 파일을 꺼냈다.

"로건의 인사기록입니다. 여기 입사했을 때, 과제를 완수하면 맘대로 선택할 수 있다고 말했을 겁니다."

"예, 기억합니다."

"과제를 훌륭하게 해냈어요."

"감사합니다. 뭐 하나 여쭤봐도 됩니까? 어떤 문제들이 있는지 이미 알고 계시면서 왜 제게 그 과제를 주셨습니까?"

"신선한 시각으로 바라보면 미처 몰랐던 점을 볼 수 있으니까요."

"그렇지만 제가 보고를 드린 내용 중 새로운 건 없었잖습니까?"

"그럴지도 모르죠. 하지만 로건 본인에겐 새로운 사실 아니었나요? 이젠 문제점도 알게 됐고, 그래서 어느 층에서 일할지 현명한 판단을 내릴 수 있게 됐잖아요."

"예."

로건은 머뭇거렸다.

"그런데 제가 지금 판단해야 할 것은 나 자신을 위해 일할 것이냐, 사장님을 위해 일할 것이냐인 것 같습니다."

사장은 파일 안으로 손을 넣어 봉투를 하나 꺼냈다.

"아뇨."

"아니라구요? 5층에서 일한다는 게 결국 그거 아닌가요?"

"그건 맞지만 지금 그 선택을 내려선 안 됩니다."

"왜 안 되죠?"

"지금 중요한 문제는 로건이 사장의 목표를 위해 전념할 것이냐가 아닙니다. 4층에서 잘못하고 있는 것이 바로 이겁니다. 심기일전해서 더욱 분발해야 한다고 생각하죠. 그래선 아무 소용이 없어요. 사장처럼 되어야 한다는 그런 생각은 머릿속에서 지우세요. 아직은 아닙니다."

"그럼 무엇이 중요한 문제죠?"

"5층의 남다른 관점입니다. 지금은 이 관점에 전념하세요. 내가 보는 것처럼 보는 법을 배우는 겁니다. 나처럼 볼 줄 알게 되면 나처럼 할 겁니다. 그렇게 되면 이 회사의 진짜 상품을 만들어내게 될 겁니다."

사장은 봉투를 로건 쪽으로 밀었다.

"집에 가서 읽어보세요. 채용제안서예요. 1층부터 4층까지 어느 층에서든 영구직으로 일할 수 있어요. 물론 덤으로 만족할 만한 급여에 근사한 직함, 그리고 승진 기회도 있습니다. 아니면 인턴으로 5층에서 나와 함께 일할 수도 있습니다."

"인턴 기간은 얼마나 됩니까?"

"영원히요."

"영원히요? 승진 기회가 영영 없다구요?"

"로건, 5층에 있는 모든 사람이 인턴이에요. 평생에 걸쳐 가르침을 받는 입장이지요. 나한테 배우고 있는 겁니다."

로건은 고개를 떨어뜨리고 우두커니 생각에 잠겼다. 사장은 조용히 앉아 기다렸다. 마침내 로건은 고개를 들어 응시했다.

"마음 한편으론 정말 그러고 싶습니다. 여기에서 사장님과 같이 있고 싶습니다. 사장님께 배우면서요. 그렇지만……."

"걸리는 게 있군요."

"제가 '영구 인턴입니다' 라고 하면 어떻게 들릴지 모르겠습니다."

"누가 듣기에 말이죠?"

"가령 제 아버지 같은 사람에게요."

"아, 그렇군요. 아버님은 로건이 여기에서 일하는 것에 대해 지금은 어떻게 생각하고 계시죠?"

"괜찮은 편입니다. 그렇지만 일자리다운 일자리에 자리를 잡아야 한다고 하세요. 1층에서 4층 중 어느 한 곳에요."

"그렇군요. 일자리다운 일자리가 무엇일지는, 우리가 과연 여기에서 무엇을 이루고자 하는지는 로건이 생각하기에 달려 있는 것 같군요."

사장은 상체를 앞으로 내밀며 덧붙여 말했다.

"맞는 말이에요. 나에게 배워선 아버님을 결코 만족시켜

드리지 못할지도 몰라요."

그는 온화한 미소를 머금었다.

"하지만 나의 기대는 만족시켜줄 것입니다."

덧붙이는 글

항상 하나님과 동행하기 위하여

지금까지 우리들은 신앙의 표현을 종교적인 것으로만 생각했다. 교회에서 드리는 예배에 잘 참석하고 기도하고 성경말씀을 공부하는 등 종교적인 행위를 통해서 신앙이 드러났다. 그래서 종교활동을 열심히 잘 하는 사람이 신앙이 좋은 사람으로 인정되었다. 직장생활에서 나타난 그들의 신앙도 역시 주일을 지킨다든가 식사 때에 기도를 한다든가를 통해서 나타날 뿐이었다. 그런데 사실 직장인의 신앙은 직장생활을 어떻게 하느냐를 통해서 드러나게 된다.

아브라함의 경우를 생각해보면 이해가 된다. 우리는 아브라함의 믿음을 이삭을 바친 사건을 통해서 알고 있지만 그 당시 사람들은 아브라함이 이삭을 바치려고 했는지 아는 사람이 없었다. 그들에게 비쳐진 아브라함의 믿음은 그가 일하는 과정에서 발견되었다. 그래서 아브라함의 이웃인 아비멜렉은 아브라함에 대해서 이렇게 고백했다. "네가 무슨 일을 하든지 하나님이 너와 함께 계시도다.(창21:22)" 이런 평가는 지금 직장에서 일하는 크리스천 직장인들에게도 똑같이 적용된다고 생각한다.

데이비드 그레고리는 다양한 직장인들의 직장생활 모습을 소개하면서 그것을 신앙과 연계시키고자 했다. 책을 읽다 보면 이 책에서 말하는 주주님은 물론 하나님이고, 사장님은 예수 그리스도이며 회사는 하나님의 나라라는 것을 금방 알 수 있을 것이다. 그리고 각 층에서 일하는 사람들은 신앙과 관련해서 직장인들이 가지는 자세를 상징적으로 묘사했다.

1층에서 일하는 사람은 아주 세속적인 사람들이다. 그들은 아주 이기적이며 세속적인 욕망에 이끌려 산다. 그들의 삶에는 하나님이 설 자리가 없다. 현실에서 이렇게 신앙이 없는 사람들이 일을 다 잘 못하는 것은 아니다. 그러나 이 책에서는 일을 잘 못하는 사람들로 묘사했다. 사실 이기적이며 세속적인 욕망으로 가득 찬 사람들은 일을 잘 하더라도 자기의 욕심을 위해서 하는 것이기 때문에 하나님의 나라를 이루어가는 데는 아무런 기여를 하지 못한다. 사도바울이 빌립보 교회에게 보낸 편지에서 이런 사람들을 이렇게 표현했다. "저희의 마침은 멸망이요 저희 신은 배요 그 영광은 저희의 부끄러움에 있고 땅의 일을 생각하는 자라"(빌 3:19). 안타깝게도 교회에 다니기 때문에 자기를 신자라고 생각하는 사람들 가운데도 이런 사람들이 있는 것 같다.

2층에서 일하는 사람들은 1층 사람들보다는 좀 나아 보인다. 규칙을 잘 지키고 성심껏 일하는 사람들이다. 이들은 도덕적인 사람들이다. 아무래도 자기 욕심대로 사는 사람들보다 도덕적인 사람들이 나아 보인다. 그렇지만 이들에게도 역시 하나님이 설 자리가 없다. 자기 나름대로의 원칙을 지키며 살려고 할 뿐 하나님의 뜻에 대해서는 관심이 없다. 그렇기 때문에 자기중심적이라는 점에서는 1층 사람들과 다를 것이 없다. 오히려 옆 사람보다 조금 더 깨끗하게 산다고 생각해서 쓸데없이 교만할 우려가 있다. 예수님 당시의 바리새인들과 같은 사람들이다. 예수님은 그들에 대해서 이렇게 말했다. "그러므로 무엇이든지 저희의 말하는 바는 행하고 지키되 저희의 행위는 본받지 말라"(마 23:3).

   3층에서 일하는 사람들은 앞의 사람들에 비해서 훨씬 회사를 더 생각한다. 그렇지만 부서마다 의견이 서로 다르다. 이들은 종교적인 사람들을 상징적으로 보여준다. 종교성이 있기 때문에 공통적인 목표를 추구하려고 하지만 통합된 가치관을 가지고 있지 않기 때문에 결국은 자기가 믿는 대로 행동한다. 크리스천들 중에도 삶의 기준이 되는 하나님의 말씀이 없는 사람들은 자기 나름대로 잘 한다고 생각하는 사람이 있다. 그들은 사사 시대의 사람들처럼 그저 자기 소견에 옳은 대로 행한다(삿 21:25).

   4층에서 일하는 사람은 기독교적인 정신을 조금 아는 사람들이다. 그들은 종교적인 사람들보다는 훨씬 더 성경적이다. 그리스도의 복음도 알고, 경건한 생활도 어느 정도 하며, 특히 성경을 공부하는 데도 시간을 많이 사용한다. 피상적으로 보면 이들은 좋은 크리스천이라고 인정된다. 그런데 안타깝게도 이들에게 신앙은 자기의 목표를 이루기 위한 수단에 머무르는 것 같다. 하나님의 뜻에 자기를 전폭적으로 드리는 것이 아니라 자기의 목표를 이루기 위해서 신앙을 사용하는 것이다. 이들은 기도를 하지만 하나님의 나라가 이루어지는 것보다 자신의 목표가 성과를 위한 것이든 승진을 위한 것이든 그것을 위해서 기도한다. 예수님을 따르던 제자들이 바로 이런 모습을 보여주었다. 특히 주님의 세자인 것을 이용해서 높은 자리를 구했던 야고보와 요한 같은 사람들이 4층에서 일하는 사람들이다.(막10:35-37)

5층에서 일하는 사람은 하나님이 원하시는 진짜 크리스천들이다. 이들은 일하는 모습을 보면 단순히 원리 원칙을 잘 따르거나 종교적인 냄새를 피우는 정도가 아니고 신앙을 자기 성공의 수단으로 여기지 않고 그야말로 하나님의 관점으로 일을 바라고 하나님과 연합된 삶을 살고 있다. 성경에서 아브라함을 비롯해서 이삭이나 야곱, 요셉과 같은 족장들이나 다니엘 같은 사람들이 주변 사람들로부터 하나님이 함께하는 사람이라는 평가를 받았는데 그들이 바로 5층에서 일하는 사람들인 셈이다.

아마도 이 책을 읽으면서 크리스천 직장인들은 자기가 지금 어느 층에서 일하고 있는지를 어느 정도 짐작할 수 있을 것이다. 그리고 궁극적으로는 5층에서 일하는 것이 바람직하다는 것도 다 알 것이다. 지금 일하는 곳에서 5층으로 옮기기 위해서는 영적으로 성장해야 한다.

그런데 5층에 가기 위해서 2층, 3층, 4층을 거쳐야만 하는 것은 아니다. 본문에 나온 직원처럼 5층으로 직접 올라갈 수 있다. 그러기 위해서 무엇보다도 주주가 되시는 하나님과 사장 되시는 예수 그리스도와 좀 더 깊은 관계가 되어야 한다. 자신이 진짜 주인 되신 하나님의 직원이라는 의식이 필요하다. 그리고 직장생활의 모든 문제를 주님의 관점에서 보도록 노력해야 한다. 《예수와 함께한 직장생활》을 읽어감에 따라 우리 자신의 인생 전체를 전혀 새로운 눈으로 볼 수 있을 것이다. 지금 우리가 어떤 모습으로 어디에 서 있든, 이 책을 통해 그동안 간절히 찾아 헤맨 하나님이 의도하신 삶의 길로 한 걸음 다가갈 수 있을 것이다. 지금 각 층에서 일하는 크리스쳔 직장인들이 정신을 차리고 다 5층으로 올라가서 주님과 함께 동행하면서 일하게 되기를 기원한다.

방선기 목사 **직장사역연구소장, 이랜드 사목**

믿음을 구하는 이들을 위한
그룹 토론 가이드

★ 이 가이드는 《예수와 함께한 직장생활》을 가지고 소그룹 토론을 할 때 활발한 의견을 이끌어 낼 수 있는 발판으로 활용하도록 마련되었습니다. 토론을 하면서 자신에게 적합하다고 생각되는 질문들을 선택하고, 도움이 된다고 생각되는 부가적인 질문들을 덧붙여도 좋습니다.

1층 (1장~4장)

1. 1층 직원들이 삶을 바라보는 지배적인 태도는 어떠합니까? 그들이 생각하는 인생의 가장 중요한 의미는 무엇입니까? 그들이 추구하는 것은 무엇입니까?

2. 여러분 주변에는 이런 태도가 얼마나 퍼져 있습니까? 예를 들어봅시다. 이런 생각이 잘못됐다고 생각한다면 구체적으로 어떤 점이 그러하며, 그 이유는 무엇인지 설명해봅시다.

3. 여러분이 가장 많은 시간과 돈을 투자하는 인생 최대의 목표가 무엇인지 생각해봅시다. 1층 직원의 관점과 일치하는 면이 있습니까?

4. 1층 직원들과 같은 삶의 자세가 우리의 관심을 끄는 이유는 무엇일까요? 이런 삶의 방식이 우리의 존재 이유를 충족시키지 못하는 이유는 무엇일까요?

5. 이 책의 도입부에서 로건의 목표는 무엇입니까?

2층(5장~6장)

6. 2층 직원들의 지배적인 태도는 무엇입니까? 여러분 주위에 이런 태도로 살아가는 사람이 있습니까?

7. 2층 사람들처럼 윤리적으로, 도덕적으로, 선하게 살고자 하는 것이 잘못된 것일까요? 이러한 자세가 우리 삶이 지향해야 할 가장 중요한 목표라고 생각합니까? 선함보다 더 중요한 것이 있을까요? 있다면 그것은 무엇입니까?

8. 여러분이 살면서 무언가를 하는 진짜 목적을 돌아볼 때 2층 관점의 어떤 면에 동감합니까? 구체적인 예를 들어봅시다.

9. 2층의 해외사업부는 해외 각지에서 사선을 베푸는 데 역점을 두고 있습니다. 표면적으로 보면 훌륭한 이 사업이 사장과 주주의 목적에 어찌해서 어긋나는 것일까요? 세계에서 행해지는 선행, 혹은 자신이 생활에서 행하는 선행에 대한 기존의 생각이 바뀌었습니까?

3층(7장~8장)

10. 3층에서 우리는 신의 본성, 우주만물의 본성, 삶의 의미 등 궁극적인 진실에 대해 저마다 다른 시각을 가진 인간군상을 만나게 됩니다. 사람들은 왜 이토록 쉽게 궁극의 진실을 진실 그대로가 아닌 자기가 편한 대로 정의 내리는 것일까요? 우리의 삶에서 이런 일이 얼마나 자주 쉽게 일어납니까?

11. 인생에서 여러분의 꿈을 한번 생각해봅시다. 여러분이

바라는 궁극의 진실은 어떤 것입니까? (예: 원하는 것은 무엇이든 주고, 칭찬받아 마땅한 노력에 대해서는 상을 주는 하나님)

12. 인생에서 자신이 희망하는 것들 때문에 궁극의 진실에 대한 왜곡된 이미지를 믿어버리지는 않았습니까? 여러분 자신이 궁극의 진실이라고 믿고 있는 이미지는 사실에 근거하고 있습니까?

4층(9장~12장)

13. 9장을 보면, 4층 직원들의 지배적인 관점은 어떠했습니까? 여러분 자신의 삶에 대한 태도는 어떤 면에서 이런 관점과 닮아 있습니까?

14. 10장, 11장에서 그들이 실제로 추구하는 것은 무엇입니까? 여러분도 같은 것을 추구하고 있진 않습니까? (11장 끝부분에서 벤이 고백하고 있듯) 이런 자세는 4층에 어떤 문제점과 실망감을 초래하고 있습니까? 여러분도 살면서 비슷한 문제점과 실망감을 느껴본 적이 있습니까?

15. 11장에 나오는 다양한 세미나 워크숍의 주제를 요약해본다면? 그 주제의 어디가 잘못된 것일까요? 4층 직원들이 가진 관점의 가장 큰 문제는 무엇이라고 생각합니까?

16. 4층의 자세와 여러분의 자세에 일맥상통하는 부분이 있습니까? 어떻게 비슷한지 말해봅시다. 그런 자세가 자신의 삶에 어떤 결과로 나타나고 있습니까? 4층 사람들이 그 층에 오기만 하면 그 즉시 생길 거라고 기대했던 성취감을 맛보지 못하는 이유는 무엇입니까? 4층의 관점에 비춰볼 때 여러분의 인생은 어떤 모습입니까?

5층(13장~15장)

17. 관점, 즉 사람들이 삶을 어떻게 바라보느냐가 5층에 있어서 그토록 중요한 이유는 무엇입니까? 5층을 주도하는 관점은 무엇입니까?

18. 4층과 5층 관점의 주된 차이는 무엇입니까? 둘 중에서 지금의 자기 모습에 가까운 관점은 어느 것입니까?

19. 사장과 같은 시각이 회사의 진정한 상품 생산으로 이어지는 이유는 무엇입니까? 어떻게 하면 사장처럼 보게 될까요?

20. 5층 직원들의 목표를 어떻게 요약할 수 있을까요? 그것이 여러분의 삶의 목표이기도 합니까? 그렇다면 어느 정도나 됩니까?

21. 15장 끝부분에서 사장은 로건이 자신의 기대와는 달리 아직은 스스로를 위해서 일할지, 사장을 위해 일할지 결정하기엔 시기상조라고 말합니다. 그 이유가 무엇일까요? 사장은 로건에게 그 결정을 하기 전에 먼저 무엇을 해야 한다고 말하고 있습니까? 여러분 자신은 어떻습니까?

22. 이 책의 마지막 세 단락을 읽을 때 어떤 생각이 들었습니까? 자신의 삶을 돌아보고 어떤 생각을 하게 되었습니까?

《예수와 함께한 직장생활》 전반에 걸쳐

23. 로건에 대한 사장은 마음은 어떤 것이었을까요? 주주와 사장 각자가 가장 중요시하는 것은 무엇입니까?

24. 사장과 주주가 가장 중요시하는 것이 5층에 어떻게 반영돼 있습니까? 여러분의 삶에는 얼마나 반영돼 있습니까?

25. 1층에서 4층에 이르기까지 '진정한 수익'이라는 것이 없었던 이유는 무엇입니까?

26. 여러분 자신에게는 1층에서 4층까지가 어떻게 5층으로 가는 준비단계가 되었습니까?

27. 《예수와 함께한 직장생활》에서 얻은 교훈을 세 가지만 꼽아봅시다.

28. 책의 결말에서 로건의 친구 카일에게는 어떤 일이 일어나고 있습니까? 카일에게 바람이 있다면?

옮긴이의 글

영혼의 안식처, 어디인가

"사랑을 팝니다"며 상품을 판매한다. 상품과 함께 상품이 표방하는 이미지를 품에 안고 즐거운 기분으로 집으로 돌아온다. 광고가 우리의 잠재의식에 인식시킨 사랑, 꿈, 자유, 이상을 사는 것이다. 살 때의 즐거움은 너무도 빨리 사라진다. 상품이 수명을 다하기도 훨씬 전에 거품처럼 사라진다. 그게 무엇이든, 눈에 보이는 상품이든, 거기에 담긴 가치이든, 여기 '완벽한 사랑'을 판다는 기업이 있다.

《예수와 함께한 저녁식사》,《예수와 함께한 가장 완벽한 하루》를 잇는 데이비드 그레고리의 세 번째 소설《예수와 함께한 직장생활》은 영혼의 안식과 신의 의미를 파고든다는 점에서 두 전작과 궤를 같이한다.《예수와 함께한 저녁식사》

가 '하나님은 과연 존재하는가?'라는 원론적인 주제를 무신론자와 예수의 대담으로 하나하나 묻고 답해간다면, 《예수와 함께한 직장생활》은 그렇다면 '하나님을 어떻게 믿어야 하는가?' 하는 방법에 초점을 둔다.

유니버설 시스템이라는 소위 '잘나가는' IT기업은 하나님을 바라보는 인간 세상의 축소판이다. 1층에는 회사나 수익성은 관심 밖이고, 그저 일신상의 안일만을 추구하는 사람들로 만연하다. 이들은 신의 존재를 부정하는 사람들을 암시한다. 2층은 창업주와 최고경영인의 존재를 의식하지만, 그 의도와 목적에서 빗나간 엉뚱한 형식에 매달리고, 결국 스스로 구축한 형식에 발목을 붙잡힌다. 규칙과 규율을 준수해야 한다는 의무감, 그리고 죄책감에 억눌려 있을 뿐이다. 3층에는 온갖 망상과 허상이 우글댄다. 경영주에 대한 사실무근의 억측, 어설픈 믿음에 휩쓸려 다니는 이들은 믿어야 할 대상이 빗나갔을 때 어떠한 문제가 초래되는지 보여준다. 4층은 얼핏 보기엔 높은 충성도와 애사심으로 단결돼 있는 듯 보인다. 하지만 일방적인 관계에 피로감과 허탈감을 느끼는 구성원이 적지 않다. 이들 역시 교감 없는 우상

화의 오류를 지적한다. 그러나 최상층인 5층에 이르면 창업주를 비롯한 경영자와 직원의 이상적인 관계가 어떠한 효과를 발휘하는지, 비유를 걷어내자면, 진정한 믿음이 무엇인지 본보기를 보여준다. 여기엔 어설픈 믿음도, 빗나간 믿음의 대상도, 어긋난 관계도 없다.

5층에 이르기까지 로건은 질문에 질문을 거듭하며, 신중하게 진실에 다가간다. 그리고 최종적으로 자신의 선택으로 돌아온다. 로건의 선택은 곧 독자의 선택이 될 것이다. 데이비드 그레고리는 정교한 세공품을 만드는 장인처럼 끈기와 노련미, 그리고 정성으로 믿음의 방식이 어떠해야 하는지 다듬어나간다. 무의 상태에서 시작해 끊임없는 묻기와 되묻기를 거듭하며, 믿음의 본질에 한발 한발 다가간다. 한발만 잘못 디뎌도 오해와 억측에 빠져버릴 수 있기 때문이다. 그럼으로써 진정한 자유와 사랑, 믿음을 올곧게 깨달을 수 있기 때문이다.

《예수와 함께한 저녁식사》에서는 닉 코민스키의 질문을 따라가는 입장이지만, 《예수와 함께한 직장생활》에서는 오히려 책을 읽어나가는 우리가 문득문득 질문하고 답을 구한다. 신은 일방적으로 떠받들고 추종해야 할 대상일까? 올바른 믿음은 무엇일까? 구도의 진정한 목적은 무엇일까? 기발하고 대담한 상상력으로 촘촘하게 잘 짜인 우화가 줄곧 철저히 숨겨온 대단한 비밀, 이 책의 진짜 이야기가 결말에 서서히 드러날 때 그 답을 찾게 될 것이다. 그리고 '몰랐다'는 후회나 '속았다'는 배신감이 아닌 훌륭한 비유의 미덕처럼 진실을 알게 된 것에 감사하고 평온해질 것이다. 세상에 진짜 '사랑'을 만드는 기업은 없다. 그러나 그런 사랑은 누구든 만들 수 있다.

2008년 여름
서소울

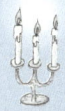

기독교의 새로운 고전이 탄생했다!
뉴욕타임스, 아마존 베스트셀러! 전세계 기독교인들의 마음을 사로잡은 책!

예수와 함께한 저녁식사

데이비드 그레고리 | 서소울 옮김

하룻밤 저녁식사 동안 인생의 의미와 행복, 고통, 가족, 종교에 대한 새로운 깨달음을 얻는 지상 최대의 만찬!

자신의 꿈과 삶의 목적마저 잊은 채 살아가던 평범한 샐러리맨 닉. 어느 날 그에게
'예수와의 만찬에 당신을 초대합니다' 라고 적힌 정체 모를 초대장이 도착한다.
닉은 자신이 '예수'라고 주장하는 낯선 남자를 만나게 되는데…
기독교와 하나님에 대한 닉의 거침없는 질문, 논리적이고 과학적인 근거를
바탕으로 한 '예수'의 놀라운 대답.
두 남자의 대담하고 도발적인 대화가 식탁 위의 만찬만큼이나 풍성하게 펼쳐진다.
"오늘 예수와 단둘이 마주 앉게 된다면 어떤 이야기를 하시겠습니까?"

《예수와 함께한 저녁식사》에 이은 또 하나의 복음 선물!
"저녁식사로 부족했다면, 이제 예수와 함께 완벽한 하루를 보내세요."

예수와 함께한
가장 완벽한 하루

데이비드 그레고리 | 서소울 옮김

예수가 내 영혼의 카운슬러로 돌아왔다!
"예수님, 제 말 좀 들어보세요!"

내 남편이 이상해졌다! 갑자기 변해버린 닉의 모습에 당황한 아내 매티의 이야기.
부부 갈등, 종교 갈등, 진로 고민, 연애 상담… 예수에게 인생 카운슬링을 받는다면,
어떤 이야기를 하시겠어요? 자신의 미래, 고민, 가정의 위기까지, 모든 걸 알고 있는
예수를 만난 한 여자. 그녀의 인생에서 가장 완벽한 하루, 가장 멋진 대화!
"종교가 모든 걸 망치고 있어요!"
"남편이 일중독이더니 이제는 예수 중독이에요. 저는 뭐죠? 부부란 게 뭔데요?"
"하나님과 대화할 수 있다고요? 차라리 인간이랑 개미가 대화를 하겠네요!"
"주위를 보면 하나님 없이도 행복한 사람들이 많다구요!"